Franz Troyer
Ihren Spuren folgen

FRANZ TROYER

IHREN SPUREN FOLGEN

Die Botschaft biblischer Gestalten
für Menschen von heute

Tyrolia-Verlag · Innsbruck–Wien

Mitglied der Verlagsgruppe „engagement"

Bibliografische Information Der Deutschen Nationalbibliothek
Die Deutsche Nationalbibliothek verzeichnet diese Publikation in der
Deutschen Nationalbibliografie; detaillierte bibliografische Daten sind im
Internet über http://dnb.d-nb.de abrufbar.

2013
© Verlagsanstalt Tyrolia, Innsbruck
Umschlaggestaltung, Layout und digitale Gestaltung: Tyrolia-Verlag
unter Verwendung eines Bildes aus der Basilika San Vitale in Ravenna
© akg-images/De Agostini Pict. Lib.
Druck und Bindung: FINIDR, Tschechien
ISBN 978-3-7022-3243-6
E-Mail: buchverlag@tyrolia.at
Internet: www.tyrolia-verlag.at

Inhaltsverzeichnis

Vorwort 6

Mit Adam und Eva das Leben wagen 9
Mit Mose Verantwortung übernehmen 15
Mit Elija sich dem Burnout stellen 29
Mit Jeremia Hoffnung verkünden 41
Mit Daniel Fenster öffnen 49
Mit Amos soziale Gerechtigkeit einfordern 59
Mit Jona eine zweite Chance bekommen 69
Mit Rafael andere begleiten 79

Mit Maria Gipfelgespräche führen 87
Mit der Bergpredigt das Übel an der Wurzel packen . 97
Mit Markus Jesus Christus verkünden 111
Mit Jesus Lasten tragen 123
Mit Maria und Marta beten und arbeiten 135
Mit Petrus nochmals beginnen 143
Mit Andreas konsequent sein 153
Mit Lydia Gastfreundschaft pflegen 161
Mit den Korinthern christliche Gemeinschaft bauen . 171
Mit den Philippern Freude teilen 185
Mit Paulus Grenzen überschreiten 193

Quellenverzeichnis 205

Vorwort

Schnüren wir unsere Sandalen!

Löst Mose am Umschlagbild dieses Buches seine Sandalen oder bindet er sie? Beides ist von der Bildgestaltung her möglich. Falls das Lösen der Sandalen dargestellt ist, dann wird der Moment geschildert, an dem Mose sich für die Begegnung mit Gott öffnet. Soll das abschließende Zubinden gezeigt werden, dann geht es um den Aufbruch und die mutige Tat nach der geheimnisvollen Gottesbegegnung.

Das Mosaik in der Kirche San Vitale in Ravenna wurde im 6. Jahrhundert n. Chr. in der Regierungszeit Kaiser Justinians geschaffen. Es ist nicht nur wegen des hohen Alters eine Besonderheit. Wie viele andere Bilder auch – vor allem aber wie so viele HandlungsträgerInnen der Bibel –, lädt es zum Staunen und Nachdenken ein.

Wo ist der brennende Dornbusch? Ja, auf diesem Bild brennt nicht nur ein Dornbusch, sondern verteilt auf die ganze Umgebung lodern viele Flammen und bringen damit zum Ausdruck, dass Gott an vielen Orten zu finden ist. „Wirklich, der Herr ist an diesem Ort, und ich wusste es nicht!", hat schon der Stammvater Jakob sein Staunen zum Ausdruck gebracht (Genesis 28,16).

Das vorbereitende Lösen und aufbrechende Binden der Sandalen betrifft nicht nur Mose, sondern alle biblischen Gestalten, die in diesem Buch beschrieben werden. Auch die Ahnung, dass Gottes Spuren an vielen Orten zu finden sind, durchzieht ihre Lebensgeschichten. Manche der beschriebenen Personen starten voll Mut und Risikofreude, werden dann aber bescheidener und vorsichtiger. Andere wachsen mit ihren Lebensaufgaben, die ihnen geschenkt und abverlangt werden. Welcher biblischen Gestalt gleichen Sie selbst am meisten? Bei welcher möchten Sie in die Lebens- und Herzensschule gehen?

Je mehr ich von Mose, Elija, Paulus oder Lydia erfahre und ihre Zeitsituation kenne, umso spannender wird es für mich. Ihre Lebens- und Glaubenserfahrungen möchte ich nicht missen.
„Wenn meine Erziehungskünste am Ende waren, habe ich meinen Kindern gerne Geschichten erzählt. Am besten solche, in denen sie sich wiederfanden, weil jemand ähnlich handelte wie sie selbst", so die Gedanken einer Mutter. Die geschilderten Bibeltexte wollen auch solche rettenden Worte sein, wenn unsere Lebens- und Erziehungskünste am Ende sind. Sie werden seit Jahrtausenden von Menschen in allen Lebenslagen gelesen und weitererzählt. Es sind ganz besondere Geschichten, die das Ringen Gottes um die Liebe des Menschen beschreiben und das Ringen des Menschen um ein erfülltes Leben, zu dem auch die Beziehung zu dem einen Gott gehört. Manchmal treffen sie genau meine Situation und ermutigen mich, von anderen zu lernen. Da bin ich gemeint. Manchmal scheinen sie mehr meine Mitmenschen im Blick zu haben.

Viele Gedanken dieses Buches sind in unterhaltsamen, manche in tiefsinnigen, ernsten Gesprächen entstanden. Sie sind bei Bibelrunden und längeren Bibelseminaren gereift. Auch die Freude am Predigen und die Rückmeldungen vieler Menschen halfen mit, biblische Weisheiten und alltägliche Erfahrungen gewinnbringend zu verbinden. Ich möchte mich bei allen – Jung und Alt, in der Pfarre, Schule und den täglichen Gemeinschaften in Liturgie und Gebet – bedanken, die mit mir biblisch unterwegs sind. Da wird es nie langweilig! Überraschungen sind garantiert!

So hoffe ich, dass die Gedanken dieses Buches mithelfen, die Schatzkiste der Bibel zu öffnen und Wissensvermittlung und Herzensbildung zu fördern. Menschen in der Lebensspur Gottes können selbst zur Spur Gottes werden.

Innsbruck, im Advent 2012   *Franz Troyer*

Mit Adam und Eva das Leben wagen

Da formte Gott, der Herr, den Menschen aus Erde vom Ackerboden und blies in seine Nase den Lebensatem. So wurde der Mensch zu einem lebendigen Wesen. Dann legte Gott, der Herr, in Eden, im Osten, einen Garten an und setzte dorthin den Menschen, den er geformt hatte. Gott, der Herr, ließ aus dem Ackerboden allerlei Bäume wachsen, verlockend anzusehen und mit köstlichen Früchten, in der Mitte des Gartens aber den Baum des Lebens und den Baum der Erkenntnis von Gut und Böse.

Genesis 2,7–9

Das hebräische Wort Adam bedeutet Mensch, Eva heißt Leben. Allein diese Übersetzungen zeigen, dass es bei der Erzählung von Adam und Eva nicht um die Geschichte zweier konkreter Menschen geht, sondern um die Menschheit insgesamt. Ich finde das einen spannenden Gedanken. Deshalb schildert die Erzählung von Adam und Eva nicht ein Märchen, sondern etwas von mir und über mich. Sie bietet mir sozusagen einen Spiegel, in dem ich klarer sehe, wie wir Menschen sind und was an Gutem, aber auch Unberechenbarem in uns steckt. Es lohnt sich, in diesen Spiegel zu schauen.

Sich beschenken lassen und nicht alles haben wollen

Wir lesen im Bibeltext, dass Gott den Menschen aus Erde vom Ackerboden formt und in seine Nase den Lebensatem bläst. Gott schenkt ihm nicht nur den Lebensatem, er sorgt auch für eine lebenswerte Umgebung. Der Schöpfergott will auf keinen Fall, dass der Mensch im Paradies allein wie auf einer verlassenen Insel lebt. Der Garten Eden ist Inbegriff für Glück und Schöpfen aus dem Vollen.

Typisch für uns Menschen! Adam und Eva freuen sich nicht über das Viele, das ihnen geschenkt wird, sondern sind sofort auf das fixiert, was sie nicht haben. „Da sah die Frau, dass es köstlich wäre, von dem Baum der Erkenntnis von Gut und Böse zu essen, dass der Baum eine Augenweide war." Natürlich stellt sich die Frage, was das eigenartige Gebot bedeutet, ausgerechnet vom Baum der Erkenntnis von Gut und Böse nichts zu essen. Die Fähigkeit, Gut und Böse zu unterscheiden, ist doch ein hoher Wert! Ich jedenfalls wünsche mir oft diese Gabe. Ein Blick auf das Vorkommen dieses Wortpaares im Buch Genesis zeigt, dass Menschen allzu schnell ohne Nachforschung definieren, was gut und böse ist. Sara darf auf Geheiß Abrahams mit der ihr anvertrauten Magd Hagar tun, „was gut ist" (Genesis 16,6). Sie tyrannisiert daraufhin Hagar und behandelt sie so schlecht, dass sie davonläuft. So ein Verhalten kann nicht gut sein!

Wo der Mensch alles haben will, da geht's abwärts. Er zerstört das Paradies. Wo er sich hingegen beschenken lässt, dort herrschen paradiesische Zustände.

Sich suchen lassen, anstatt sich zu verstecken

Wir sind ständig auf der Suche nach allen möglichen Gegenständen und mehr noch nach Wertschätzung, guten Beziehungen und Erfolg. Das stresst und hinterlässt das Gefühl, nichts zu finden oder ständig auf der Verliererseite zu stehen. Der Blick auf die ersten Seiten der Bibel zeigt, dass wir Menschen nicht nur Suchende, sondern in erster Linie Gesuchte sind.

Gott geht Adam und Eva nach und fragt: „Wo bist du?" (Genesis 3,9). Er spricht den Kain in uns an: „Wo ist dein Bruder Abel?" (Genesis 4,9). Gottes Engel macht sich auf den Weg, um die geflüchtete Hagar zu suchen. Er findet sie mitten in der Wüste an einer Quelle (Genesis 16,7) und verhilft ihr zu neuem Lebensmut. Auch die drei geheimnisvollen Besucher bei Abraham suchen gezielt: „Wo ist deine Frau Sara?" (Genesis 18,9).

Unser Selbstbewusstsein wäre um vieles größer, wenn uns diese tiefe biblische Zusage stärker bewusst wäre. Dann würde so manches Versteckspiel aufhören: Ich ziehe mich aus Angst zurück, um nicht wieder beleidigt oder zum zehnten Mal entwürdigt zu werden. Ich habe sogar Angst, dass Gott mir in meine Pläne hineinpfuscht.

Die Erzählung von Adam und Eva betont in erzählerischer Form: Mensch, du brauchst dich nicht zu verstecken! Lass dich doch suchen und finden! Mensch, du bist einzigartig und unendlich wertvoll!

Den eigenen Wert sehen und sich nicht immer mit anderen vergleichen

Am Beispiel Adam und Eva beschreibt die Bibel sehr ausführlich die Gefahren des ständigen Vergleichens: Wer sich stets mit anderen misst, neigt bald zu Verdrehungen und Halbwahrheiten. „Hat Gott wirklich gesagt: Ihr dürft von keinem Baum des Gartens essen?", hören wir aus dem Mund der Schlange (Genesis 3,1). Vergleichen baut oft auf Lügen auf: „Nein, ihr werdet nicht sterben. Gott weiß vielmehr: Sobald ihr davon esst, gehen euch die Augen auf; ihr werdet wie Gott und erkennt Gut und Böse" (Genesis 3,4–5). Vergleichen treibt uns nicht zuletzt in falsche Sehnsüchte hinein und versperrt den Blick auf das Viele, das wir haben: „Da sah die Frau, dass es köstlich wäre, von dem Baum zu essen, dass der Baum eine Augenweide war und dazu verlockte, klug zu werden" (Genesis 3,6).

Der biblische Bericht von Adam und Eva schildert in erzählerischer Form, wie die Lawine des Bösen in der Welt losgetreten wird. Adam versteckt sich nach dem Sündenfall aufgrund des schlechten Gewissens vor Gott. Nicht er, sondern Eva ist schuld. Eva wiederum gibt ihre Schuld nicht zu, sondern schiebt sie sofort auf die Schlange weiter. Die losgetretene Lawine des Schuldzuschiebens steigert sich beim ersten Brüderpaar. Kain erschlägt Abel – der erste Mord in der Bibel bereits in Kapitel vier. In den nächsten Generationen rollt die Lawine richtig los, die Sintflut unter Noah zerstört fast alles.

Eine Lawine kann man nur verhindern, wenn in den Gefahrenzonen rechtzeitig ein ausreichender Schutzbau errichtet wird, wie es an vielen Berghängen Tirols geschehen ist. Gegen die Macht des Misstrauens und des

Bösen braucht es einen guten Lawinenschutz. Diese Schutzmauer besteht aus vorsichtigen Gesprächen, dem Mut, die andere Seite zu hören, Toleranz und gezielten kleinen Schritten zu Versöhnung und Vertrauen. Die Lawine des Bösen wird dann weniger gefährlich, wenn ich nicht in jeden Schneehang hineintrample und manche Situationen einfach meide.

Und was tut Gott? Manchmal hat man den Eindruck, er schaut zu, wie in unserer Welt immer wieder Lawinen abgehen und die Menschen in den Abgrund mitreißen. Es zahlt sich aus, die biblische Heilsgeschichte des Alten Testamentes genauer zu betrachten, um Gottes Handeln zu erkennen. Er ist alles andere als ein Zuschauer, er startet in jeder Generation einen Neuanfang. Einige Stationen werden wir in den folgenden Kapiteln dieses Buches miterleben. In Jesus Christus riskiert Gott schlussendlich, selbst unter die Lawine zu kommen, um die Menschheit zu retten.

Das besondere Wort

Gott, mit Psalm 8 bete ich staunend:
Was ist der Mensch, dass du an ihn denkst,
des Menschen Kind, dass du dich seiner annimmst?
Du hast uns so wunderbar geschaffen, wir sind Meisterwerke deiner Schöpfung.
Gib uns die Freude, unsere Einzigartigkeit zu kennen.
Gib uns Mut, anderen ihre Würde nicht abzusprechen.
Ich sehne mich nach dem Garten des Paradieses,
der auch auf dieser Welt blühen will.
Manchmal zweifle ich an der Menschheit,
wenn ich erlebe, wie sich Menschen gegenseitig das Leben schwer machen.

Wir sind doch dein Abbild auf Erden, oder?
Von dir, Gott, heißt es einfach:
Und Gott sah, dass es gut war.
Ich danke dir dafür.

Mit Mose Verantwortung übernehmen

Auf meinem Schreibtisch liegt das Foto eines Heiligen, der in der rechten Hand einen großen Stab hält und den rechten Fuß startbereit nach vorne gesetzt hat. Die linke Hand greift hinter sein Ohr und macht aus diesem einen Trichter, um aufmerksamer zu hören. Da der Heilige ohne Attribute dargestellt ist, kann ich nicht genau sagen, wer damit gemeint ist. Das stört mich nicht. Für mich passt die Darstellung nicht nur wegen des Stabes ausgezeichnet zu Mose. Dieser ist für mich ein Mensch, der auf Gott hört, viel Verantwortung übertragen bekommt und die Welt zu gestalten versucht. In den folgenden Gedanken werde ich aus der großen Fülle der biblischen Texte jene Abschnitte auswählen, die seinen Umgang mit Leitungsverantwortung schildern. Die Diskussion, wann und wo Mose gelebt hat, soll dabei ausgeklammert werden.

Berufen zur Verantwortung

Mose weidete die Schafe und Ziegen seines Schwiegervaters Jitro, des Priesters von Midian. Eines Tages trieb er das Vieh über die Steppe hinaus und kam zum Gottesberg Horeb. Dort erschien ihm der Engel des Herrn in einer Flamme, die aus einem Dornbusch emporschlug. Er schaute hin: Da brannte der Dornbusch und verbrannte doch nicht. Mose sagte: Ich will dorthin gehen und mir die außergewöhnliche Erscheinung ansehen. Warum verbrennt denn der Dornbusch nicht? Als der Herr sah, dass Mose näher kam, um sich das anzusehen, rief Gott ihm aus dem Dornbusch zu: Mose, Mose! Er antwortete: Hier bin ich. Der Herr sagte: Komm nicht näher heran! Leg deine Schuhe ab; denn der Ort, wo du stehst, ist heiliger Boden. Dann fuhr er fort: Ich bin der Gott deines Vaters, der Gott Abrahams, der Gott Isaaks und der Gott Jakobs. Da verhüllte Mose sein Gesicht; denn er fürchtete sich, Gott anzuschauen. Der Herr sprach: Ich habe das Elend meines Volkes in Ägypten gesehen, und ihre laute Klage über ihre Antreiber habe ich gehört. Ich kenne ihr Leid. Ich bin herabgestiegen, um sie der Hand der Ägypter zu entreißen und aus jenem Land hinaufzuführen in ein schönes, weites Land, in ein Land, in dem Milch und Honig fließen, in das Gebiet der Kanaaniter, Hetiter, Amoriter, Perisiter, Hiwiter und Jebusiter. Jetzt ist die laute Klage der Israeliten zu mir gedrungen, und ich habe auch gesehen, wie die Ägypter sie unterdrücken. Und jetzt geh! Ich sende dich zum Pharao. Führe mein Volk, die Israeliten, aus Ägypten heraus! Mose antwortete Gott: Wer bin ich, dass ich zum Pharao gehen und die Israeliten aus Ägypten herausführen könnte?

Exodus 3,1–11

„Mose, Mose!" Wenn Gott in der Bibel jemanden zweimal beim Namen nennt, dann geschieht im wahrsten Sinn des Wortes Neuanfang und Heilsgeschichte (auch Jakob, Samuel, Marta, Simon Petrus und Saulus erfahren dies). Mit der doppelten Anrede startet ein spannender Dialog, bei dem Gott fünfzehnmal das Wort ergreift und Mose achtmal spricht. Dreimal fragt Mose nach, zweimal bittet er um Hilfe. Allein die Tatsache, dass der Redeanteil Gottes fünfmal so hoch wie jener des Mose ist, zeigt, dass es bei Berufung wesentlich um die Initiative Gottes und das Hören der Menschen geht.[1] Ganz selbstverständlich stellen sich dabei Fragen nach Selbstbewusstsein, Fähigkeiten und Grenzen, nach Auftraggeber oder MitarbeiterInnen.

„Wer bin ich?" So lautet die erste Frage des Mose. Die Reaktion ist verständlich: Warum ich? Kann ich die Erwartungen erfüllen? Bin ich dazu geeignet? Die Antwort Gottes wirkt zunächst eigenartig: „Ich bin mit dir." Darin steckt die zentrale Wahrheit, dass unser Selbstbewusstsein nicht bei null beginnt, sondern mit einem großen Vorschuss an Vertrauen. Allein durch unsere Einzigartigkeit haben wir schon einen unendlichen Wert mitbekommen. Deshalb hängt unsere Identität nicht nur von unseren Fähigkeiten und Stärken ab. Am Ende des langen Gesprächs zwischen Mose und Gott wird Mose den Einwand vorbringen: „Ich bin kein guter Redner" (Exodus 4,10). Hier geht es nicht mehr allgemein um Identität, sondern um spezielle Stärken und Schwächen: Was traue ich mir zu, wie kann ich in der neuen Aufgabe wachsen? Wie verbinde ich die eigenen Grenzen mit den vielen Wunschvorstellungen, ohne mich ständig zu überfordern oder scheinheilig zu werden? Obwohl Mose bei der Berufung betont, er könne nicht reden, zeigt ihn die Bibel als einen ausgezeichneten Redner. Ist er in seiner Aufgabe gewachsen? Ist sein Einwand mehr eine Ausrede oder Ausdruck von Unsicherheit? Der geduldige Gott antwortet auch auf diesen Einwand des Mose und unterstreicht, dass unsere Talente von Gott kommen und

---

1 Viele der Hinweise und Anregungen zu Mose verdanke ich dem Buch: Georg Fischer/Martin Hasitschka, Auf dein Wort hin. Berufung und Nachfolge in der Bibel, Innsbruck 1995; 11–34.

wir diese nützen sollen: „Wer hat dem Menschen den Mund gegeben und wer macht taub, sehend oder blind? Doch wohl ich der Herr! Geh also! Ich bin mit deinem Mund und weise dich an, was du reden sollst" (Exodus 4,11–12).

Da sagte Mose zu Gott: Gut, ich werde also zu den Israeliten kommen und ihnen sagen: Der Gott eurer Väter hat mich zu euch gesandt. Da werden sie mich fragen: Wie heißt er? Was soll ich ihnen darauf sagen? Da antwortete Gott dem Mose: Ich bin der „Ich-bin-da". Und er fuhr fort: So sollst du zu den Israeliten sagen: Der „Ich-bin-da" hat mich zu euch gesandt. Weiter sprach Gott zu Mose: So sag zu den Israeliten: Jahwe, der Gott eurer Väter, der Gott Abrahams, der Gott Isaaks und der Gott Jakobs, hat mich zu euch gesandt. Das ist mein Name für immer, und so wird man mich nennen in allen Generationen.

Exodus 3,13–15

Nach der wichtigen Beschäftigung mit sich selbst öffnet Mose seinen Blick auf das „Du" des Auftraggebers. Gott antwortet und gibt seinen geheimnisvollen Namen bekannt: „Ich bin der Ich-bin-da". Auf diesen Auftraggeber wird sich Mose im Laufe seines Lebens hundertprozentig verlassen können. Die Nähe zu ihm schenkt ihm gerade in Stunden der Mutlosigkeit und Verzweiflung neue Kraft.

Das Neue Testament zeigt mehrfach, wie Jesus als der verheißene Immanuel (= Gott ist mit uns) Gottes Gegenwart greifbar und spürbar werden lässt. Im Markusevangelium wird ausdrücklich betont, dass Jesus die Zwölf beruft, damit sie zunächst bei ihm sind und er sie dann aussendet (Markus 3,14). Es geht nicht darum, dass sie möglichst schnell überall wirken und in der ganzen Welt unterwegs sind. Das wäre höchstens ein Strohfeuer. Gerade Menschen, die im Auftrag Gottes unterwegs sind, dürfen die Nähe zum Auftraggeber nicht vergessen und müssen immer wieder zu ihm zurückkehren.

> Mose antwortete: Was aber, wenn sie mir nicht glauben und nicht auf mich hören, sondern sagen: Jahwe ist dir nicht erschienen? Der Herr entgegnete ihm: Was hast du da in der Hand? Er antwortete: Einen Stab. Da sagte der Herr: Wirf ihn auf die Erde! Mose warf ihn auf die Erde. Da wurde der Stab zu einer Schlange, und Mose wich vor ihr zurück. Der Herr aber sprach zu Mose: Streck deine Hand aus, und fasse sie am Schwanz! Er streckte seine Hand aus und packte sie. Da wurde sie in seiner Hand wieder zu einem Stab. So sollen sie dir glauben, dass dir Jahwe erschienen ist, der Gott ihrer Väter, der Gott Abrahams, der Gott Isaaks und der Gott Jakobs.
>
> Exodus 4,1–5

Die dritte Frage des Mose betrifft die Adressaten und deren Einwände: „Was, wenn sie mir nicht glauben?" Hier geht es um Autorität und Legitimierung. Wie werden mich die Menschen aufnehmen? Welche Erwartungen und Ängste haben meine MitarbeiterInnen? Welche hilfreichen und auch blockierenden Vorgeschichten gibt es? Gott schenkt Mose den Stab, den er zeichenhaft einsetzen soll, damit die Menschen zu ihm Vertrauen haben. Dieser Stab wird für Mose und das Volk Israel in vielen Situationen nicht nur Halt sein, sondern auch ein Symbol der Kraft Gottes. „Dein Stock und dein Stab geben mir Zuversicht" (Psalm 23,4).

Nach all diesen göttlichen Zusagen zögert Mose weiterhin und bringt eine letzte Bitte vor: „Aber bitte, Herr, schick doch einen anderen!" (Exodus 4,13). Solche Gedanken sind uns allen vertraut: Das sollen die anderen tun! Die anderen können es besser. Warum ich und nicht eine andere Arbeitskollegin? Nach diesem Einwand reicht es Gott, seine Geduld scheint vorbei zu sein. Und trotzdem geht er auf das Anliegen des Mose ein und stellt ihm seinen Bruder Aaron an die Seite. Besser kann uns Gott nicht zeigen, dass wir alle eine Lebensverantwortung haben, die nur wir erfüllen und die wir nicht abschieben können, gleichzeitig aber auch, dass es nicht darum geht, als Einzelhelden alles allein zu tun. Wir können und sollen uns von anderen helfen lassen.

Am Beispiel der Berufung des Mose sehen wir: Jede Übernahme von Verantwortung ist nicht nur angenehm und verlockend, sondern zu Recht mit Widerständen, Fragen und Ängsten verbunden. Bei der Berufung des Mose fällt auf, dass Gott auf die Einwände und Widerstände eingeht und sie ernst nimmt. Als stärkste Ermutigung gilt seine Zusage, dass er an unserer Seite steht und immer für uns da ist. Am Beginn des Lebens bekommen wir von Gott einen Namen, wir sind gerufen, unsere eigene, einmalige Lebensmelodie zu hören und den Lebensauftrag zu erfüllen. Um der Verantwortung für unser Leben gerecht zu werden, müssen und können wir kein Mose sein. Aber wir müssen und können wir selbst sein.

Verantwortung als Last

Die ganze Gemeinde der Israeliten zog von der Wüste Sin weiter, von einem Rastplatz zum andern, wie es der Herr jeweils bestimmte. In Refidim schlugen sie ihr Lager auf. Weil das Volk kein Wasser zu trinken hatte, geriet es mit Mose in Streit und sagte: Gebt uns Wasser zu trinken! Mose aber antwortete: Was streitet ihr mit mir? Warum stellt ihr den Herrn auf die Probe? Das Volk dürstete dort nach Wasser und murrte gegen Mose. Sie sagten: Warum hast du uns überhaupt aus Ägypten hierher geführt? Um uns, unsere Söhne und unser Vieh verdursten zu lassen? Mose schrie zum Herrn: Was soll ich mit diesem Volk anfangen? Es fehlt nur wenig, und sie steinigen mich. Der Herr antwortete Mose: Geh am Volk vorbei, und nimm einige von den Ältesten Israels mit; nimm auch den Stab in die Hand, mit dem du auf den Nil geschlagen hast, und geh! Dort drüben auf dem Felsen am Horeb werde ich vor dir stehen. Dann schlag an den Felsen! Es wird Wasser herauskommen, und das Volk kann trinken. Das tat Mose vor den Augen der Ältesten Israels.

Exodus 17,1–4

In der Schule erzähle ich den neunjährigen Kindern alljährlich ausführlich von Mose. Auf die Frage, was ihnen an dieser großen biblischen Gestalt besonders gefällt, kommen jedes Jahr ähnliche Antworten: sein Stab; sein Glaube; dass er nie aufgegeben hat; dass er immer betet, wenn er Probleme hat; dass er anderen hilft, dass er so viel Mut hat und sich um alle kümmert. Am meisten beeindruckt die Kinder, wie Mose mit dem ständigen Murren und Jammern seines Volkes umgeht. Mose hat bei der Erfüllung seiner großen Aufgabe wahrlich mit Widerstand von außen und innen zu kämpfen. Äußere Feinde wie der ägyptische Pharao oder das Volk der Amalekiter und Midianiter versperren den Weg. Dazu kommen Gegner im eigenen Volk hinzu, die für Mose zermürbender und bedrohlicher sind als die Feinde von außen. Die große Menge der Israeliten reagiert bei jedem auftauchenden Problem ähnlich und klagt, dass sie lieber bei den Fleischtöpfen in Ägypten geblieben wären. Sie wirft dem Mose sogar vor, dass er mit dem Pharao im Bunde sei und sie zum Sterben in die Wüste geführt habe. Was für ein Misserfolg, wenn das Volk unter der Leitung seines

Bruders Aaron ein goldenes Kalb gießt, damit es wie alle Völker einen sichtbaren Gott hat und diesen anbeten kann (Exodus 32)! Mirjam und Aaron lehnen sich gegen Mose auf und auch Korach, Datan und Abiram planen einen Aufruhr. Die aus dem Gelobten Land zurückkehrenden Kundschafter verbreiten nicht Vorfreude, sondern Angst und Mutlosigkeit.

Wir spüren an diesen Beispielen die vielfältigen und unberechenbaren Kräfte, die es Leitungspersonen manchmal schwer machen, ihre Verantwortung wahrzunehmen. All das lähmt und zieht viel Kraft und Freude ab. Mag der Aufenthalt des Volkes Israel in der Wüste auch eine Zeit der Reifung und Klärung sein, so bleibt doch die Frage: Wie kann eine Führungsgestalt wie Mose all den Widerstand aushalten, ohne verbittert zu werden oder daran zu zerbrechen? Der Zorn des Mose und sein Unwille, den Auftrag fortzuführen, sind allzu verständlich. Wie soll er in solchen Situationen leiten und vorangehen, wie kann bei all den Rückschlägen die eigene Motivation überleben?

Wohl wenige Menschen tragen eine so große Bürde wie Mose. Und doch scheinen viele Angst zu haben, gerade für ihr eigenes Leben Verantwortung zu übernehmen. Es ist oft leichter, alle möglichen Ausreden und Entschuldigungen zu finden und beim Abwarten und Schimpfen steckenzubleiben. Der Ruf „Wären wir doch in Ägypten geblieben!" erschallt bis heute und zeigt die Halbherzigkeit, das Sicherheitsbedürfnis und vor allem die Angst von uns Menschen auf. So sollen zur Ermutigung am Beispiel des gestärkten Mose zwei Hilfen geschildert werden, wie wir Verantwortung übernehmen können, ohne daran zu zerbrechen.

Erhobene Hände beim Tragen der Verantwortung

Als Amalek kam und in Refidim den Kampf mit Israel suchte, sagte Mose zu Josua: Wähl uns Männer aus, und zieh in den Kampf gegen Amalek! Ich selbst werde mich morgen auf den Gipfel des Hügels stellen und den Gottesstab mitnehmen. Josua tat, was ihm Mose aufgetragen hatte, und kämpfte gegen Amalek, während Mose, Aaron und Hur auf den Gipfel des Hügels stiegen. Solange Mose seine Hand erhoben hielt, war Israel stärker; sooft er aber die Hand sinken ließ, war Amalek stärker. Als dem Mose die Hände schwer wurden, holten sie einen Steinbrocken, schoben ihn unter Mose, und er setzte sich darauf. Aaron und Hur stützten seine Arme, der eine rechts, der andere links, so dass seine Hände erhoben blieben, bis die Sonne unterging. So besiegte Josua mit scharfem Schwert Amalek und sein Heer.

Exodus 17,8–13

Ein starkes Bild: Mose steht mit seinem Stab auf dem Gipfel des Berges, die Hände zum Himmel erhoben. Und Israel siegt. Sobald seine Hände schwer und schwach werden, beginnt Israel zu verlieren. Deshalb stützen Aaron und Hur die Arme des Mose, der eine rechts, der andere links. Sogar zwei Steine müssen mithelfen. Auf diese Weise kann Mose bis Sonnenuntergang die Arme zum Himmel halten. Warum ist das für mich ein starkes Bild, obwohl Mose gar nicht so stark ist? Gerade deswegen, weil der an und für sich so mächtige Mose hier doppelte Hilfe von Gott und den Mitmenschen bekommt und diese auch annimmt. Die erhobenen Hände sind sowohl Zeichen der Ohnmacht als auch des Vertrauens und Erfolges. Die Situation ist klar: Die Amalekiter haben Angst und wollen den Durchzug durch ihr Land verhindern, obwohl es ihnen überhaupt nicht „wehtun" würde. (Nebenbei erwähnt: Im Bibeltext wird ausdrücklich betont, dass nicht Mose oder das Volk Israel den Streit suchen, sondern Amalek. Amalek steht für Menschen, die anderen das Leben schwer machen und deren Schwächen gerade in schwierigen Zeiten ausnützen.)

Mose kann die Hilfe von den Mitmenschen annehmen. Er beauftragt Josua, die Aufgaben im Tal zu übernehmen. Aaron und Hur dürfen die Hände des Mose stützen. Sobald ihre Kraft ausgeht, helfen sogar Steine. Verantwortung gut zu tragen heißt demnach auch, sich von anderen helfen zu lassen und nicht den Einzelhelden spielen.

Mose nimmt die Hilfe Gottes an. Er lebt nicht nach dem Motto: „Der mächtige Pharao musste uns ziehen lassen, also ist dieser Gegner Amalek eine Kleinigkeit. Das schaff' ich allein!" Vor einigen Monaten hat mich jemand gefragt: „Sind betende Menschen bessere Menschen?" Im Laufe des kurzen Gesprächs habe ich geantwortet: „Da geht es nicht um die Frage besser oder schlechter. Beim Beten geht es um die Möglichkeit, weitere Chancen zu nützen. Betende Menschen haben nicht weniger Probleme, aber mehr Lösungsmöglichkeiten."

Verantwortung teilen

Am folgenden Morgen setzte sich Mose, um für das Volk Recht zu sprechen. Die Leute mussten vor Mose vom Morgen bis zum Abend anstehen. Als der Schwiegervater des Mose sah, was er alles für das Volk zu tun hatte, sagte er: Was soll das, was du da für das Volk tust? Warum sitzt du hier allein, und die vielen Leute müssen vom Morgen bis zum Abend vor dir anstehen? Mose antwortete seinem Schwiegervater: Die Leute kommen zu mir, um Gott zu befragen. Wenn sie einen Streitfall haben, kommen sie zu mir. Ich entscheide dann ihren Fall und teile ihnen die Gesetze und Weisungen Gottes mit. Da sagte der Schwiegervater zu Mose: Es ist nicht richtig, wie du das machst. So richtest du dich selbst zugrunde und auch das Volk, das bei dir ist. Das ist zu schwer für dich; allein kannst du es nicht bewältigen. Nun hör zu, ich will dir einen Rat geben, und Gott wird mit dir sein. Vertritt du das Volk vor Gott! Bring ihre Rechtsfälle vor ihn, unterrichte sie in den Gesetzen und Weisungen, und lehre sie, wie sie leben und was sie tun sollen. Du aber sieh dich im ganzen Volk nach tüchtigen, gottesfürchtigen und zuverlässigen Männern um, die Bestechung ablehnen. Gib dem Volk Vorsteher für je tausend, hundert, fünfzig und zehn! Sie sollen dem Volk jederzeit als Richter zur Verfügung stehen. Alle wichtigen Fälle sollen sie vor dich bringen, die leichteren sollen sie selber entscheiden. Entlaste dich, und lass auch andere Verantwortung tragen! Wenn du das tust, sofern Gott zustimmt, bleibst du der Aufgabe gewachsen, und die Leute hier können alle zufrieden heimgehen. Mose hörte auf seinen Schwiegervater und tat alles, was er vorschlug.

Exodus 18,13–24

Das Anliegen, Aufgaben zu verteilen, ist keine Erfindung moderner Beratungseinrichtungen, sondern zutiefst biblische Weisheit. Jitro beobachtet, dass die Rechtsprechung durch Mose viel zu lange dauert, und kommt nach dem Motto „Sehen, Urteilen, Handeln" zu einem hilfreichen Entschluss. Er rät seinem Schwiegersohn, die wichtige Aufgabe der Rechtsprechung in mehrere Hände zu legen, damit es schneller geht. Damit ist alles gesagt.

Im Buch Numeri wird berichtet, dass Mose die siebzig Ältesten rings um das Offenbarungszelt versammelt und dann der Geist Gottes nicht nur auf Mose herabkommt, sondern auf alle siebzig. Sogar zwei von ihnen, die im Lager geblieben und nicht zum Offenbarungszelt hinausgegangen sind, geraten in prophetische Verzückung. Josua bittet daraufhin den Mose, die beiden Männer daran zu hindern. Mose antwortet: „Willst du dich für mich eifern? Wenn nur das ganze Volk des Herrn zu Propheten würde, wenn nur der Herr seinen Geist auf sie alle legte!" (Numeri 11,29). Mose scheint erkannt zu haben, wie wertvoll es ist, wenn alle vom Geist Gottes erfüllt sind und die Verantwortung nicht nur bei ihm, sondern bei allen liegt.

Der Rat des Jitro will eine Hilfe für alle Formen von Verantwortung sein: im privaten und beruflichen Bereich, bei ehrenamtlichen und hauptamtlichen Tätigkeiten in der Kirche oder verschiedenen Vereinen. Es geht nicht darum, dass eine Einzelperson für alles zuständig ist, sich selbst damit zugrunde richtet und allen anderen auf die Nerven geht. Ein beratendes Miteinander und ein transparentes Subsidiaritätsprinzip sind kein Gegensatz zu einer guten Leitungsverantwortung, sondern die tragenden Säulen. Bei kleinen Aufgaben ist es möglich, dass jemand alles allein tut, ohne dass die Gemeinschaft daran leidet. Ein kreatives Miteinander und das Einfließen neuer Ideen werden dabei allerdings schwer möglich sein. Mehrere Augen sehen mehr, mehrere Schultern tragen mehr, verschiedene Talente können verschiedene Menschen und Prozesse begleiten.

Das besondere Wort

Höchster, glorreicher Gott,
erleuchte die Finsternis meines Herzens
und schenke mir rechten Glauben, gefestigte Hoffnung und
vollendete Liebe.
Gib mir, Herr, das rechte Empfinden und Erkennen,
damit ich deinen heiligen und wahrhaften Auftrag erfülle.

Gebet des hl. Franz von Assisi
vor dem Kreuz von San Damiano

Mit Elija sich dem Burnout stellen

Wer hätte sich gedacht, dass ausgerechnet der feurige Prophet Elija plötzlich die Kraft verliert, vielleicht sogar unter Erschöpfungsdepression oder Burnout leidet! Zu wem passt das Sprichwort „Leidenschaft, die Leiden schafft" besser als zu diesem großen Propheten?

Es lohnt sich, die Ereignisse im Leben des Elija unter dem Aspekt der Erschöpfung zu betrachten; auch deswegen, um ähnliche Phänomene in unserer Umgebung klarer wahrzunehmen.

Elija stammt aus Tischbe im Gebiet Gilead, das im heutigen Staat Jordanien liegt. Er lebt im 9. Jahrhundert v. Chr. und wirkt hauptsächlich während der Regierungszeit des Königs Ahab (873 bis 853 v. Chr.) im Nordreich Israels. Da Ahab und seine heidnische Frau Isebel den rauschhaften Baalskult fördern, werden sie zu seinen großen Gegnern. Die Auseinandersetzung mit ihnen prägt sein ganzes Leben.

Mit Schwung beginnt Elija sein öffentliches Wirken und kündigt dem König eine große Trockenheit an. Damit soll sich zeigen, dass der kanaanäische Vegetationsgott Baal (auch Gott des Gewitters und des segenbringenden Regens) kraft- und machtlos ist. Nach der Ankündigung der Trockenheit versteckt sich Elija auf Geheiß Gottes östlich des Jordan am Bach Kerit. Wiederum auf das Wort Gottes hin zieht Elija von dort zur Stadt Sarepta bei Sidon, um einer Witwe und deren Sohn zu helfen. Er wohnt bei der Witwe und bewirkt inmitten der Hungersnot, dass ihr Mehltopf nicht leer wird und ihr Ölkrug nicht versiegt. Nachdem Elija den toten Knaben zum Leben erweckt, ist für die Witwe klar: „Jetzt weiß ich, dass du ein Mann Gottes bist und dass das Wort des Herrn wirklich in deinem Mund ist" (1 Könige 17,24). Nach drei Jahren ergeht das Wort des Herrn erneut an Elija: „Geh und zeig dich dem Ahab! Ich will Regen auf die Erde senden" (1 Könige 18,1). Es kommt zur ersehnten und befürchteten Begegnung zwischen beiden. Elija fordert von König Ahab ein großes Treffen am Berg Karmel. Dort soll für immer sichtbar werden, wer der wahre Gott ist. Beim Wettkampf, den Elija zu einer spektakulären Show inszeniert, bleiben die Baalspriester erfolglos. Das Gebet Elijas hingegen bewirkt, dass ein Feuer vom Himmel herabkommt und das Brandopfer verzehrt. Das ganze Volk wirft sich auf das Angesicht nieder und ruft: „Jahwe ist Gott, Jahwe ist Gott!" (1 Könige 18,39). Auch der ersehnte Regen kommt bald nachher.

So weit, so gut, aber das ist für Elija zu wenig. Er befiehlt dem Volk: „Ergreift die Propheten des Baal! Keiner von ihnen soll entkommen" (1 Könige 18,40). Man ergreift die vierhundertfünfzig Baalspriester, Elija lässt sie zum Bach Kischon hinabführen und dort töten. Die verärgerte Königin Isebel fordert daraufhin, Elija müsse innerhalb eines Tages dasselbe Schicksal erleiden wie ihre Baalspriester. Elija kann rechtzeitig fliehen, er verlässt das Nordreich und eilt Richtung Süden an Jerusalem vorbei bis nach Beerscheba. Dort ist er mit seiner Kraft am Ende.

Ausgebrannt – Elija in der Wüste seines Lebens

Ahab erzählte Isebel alles, was Elija getan, auch dass er alle Propheten mit dem Schwert getötet habe. Sie schickte einen Boten zu Elija und ließ ihm sagen: Die Götter sollen mir dies und das antun, wenn ich morgen um diese Zeit dein Leben nicht dem Leben eines jeden von ihnen gleich mache. Elija geriet in Angst, machte sich auf und ging weg, um sein Leben zu retten. Er kam nach Beerscheba in Juda und ließ dort seinen Diener zurück. Er selbst ging eine Tagereise weit in die Wüste hinein. Dort setzte er sich unter einen Ginsterstrauch und wünschte sich den Tod. Er sagte: Nun ist es genug, Herr. Nimm mein Leben; denn ich bin nicht besser als meine Väter. Dann legte er sich unter den Ginsterstrauch und schlief ein.

1 Könige 19,1–5

Elija als ausgebrannter Prophet ohne jede Lebenslust, vielleicht sogar mit Selbstmordgedanken! Wie ist das möglich? Die Aussichten waren doch mehr als gut: Er war so überzeugt von seinem Auftrag und hat mit einem Vollstart begonnen. Am Bach Kerit hatte er viel Zeit, sich vorzubereiten. Der große Erfolg bei der Witwe von Sarepta und das Feuer am Karmel gaben ihm doch Selbstbewusstsein und Kraft! Und schnell rennen konnte er auch noch mit seinem ekstatischen Lauf vor dem Königswagen! (1 Könige 18,46). Und nach all dem jetzt das. Warum? Überkam ihn die Wolke der Depression wie ein plötzliches Gewitter? War dieser Zusammenbruch vorherzusehen, wie wir heute manchmal bei Menschen in beanspruchenden Berufen sagen: „Wenn der oder die so weiterlebt, dann ist ein Burnout nur eine Frage der Zeit!" Hat sich seine Verzweiflung vorher angekündigt, ohne von Elija oder den anderen erkannt zu werden?

Jeder Mensch ist gehemmt, der sein Leben in Dauergefahr sieht und mit einer Morddrohung leben muss. So ist es verständlich, dass Elija nicht nur ein kleines Wehwehchen oder ein Tief zwischendurch, sondern eine ernste Krise durchlebt. Es geht um Leben oder Tod und um die entscheidende Frage nach dem Sinn des Lebens überhaupt. Bereits die Menschen im Mittelalter sprachen bei ähnlichen Phänomenen von „Elias-Müdigkeit". Es gilt, sie bei uns und bei unseren Mitmenschen frühzeitig zu erkennen. Auch bei Elija gab es bereits vor seinem Zusammenbruch entsprechende Anzeichen.[2]

Volles Engagement

Wer die Berichte von Elija in 1 Könige 17–21 und 2 Könige 1–2 liest, merkt sofort, dass dieser nicht zwischen Arbeit und Freizeit unterscheidet. Der Name Elija (hebräisch *elijjahu* = mein Gott ist Jahwe) ist mehr als ein hundertprozentiges Lebens- und Arbeitsprogramm. Seine großen Ziele erfordern fast übermenschliche Anstrengungen. Elija will nicht nur, dass einige Leute an Jahwe glauben, sondern ganz Israel soll den einen wahren Gott verehren. Auch der König und die heidnische Königin sollen bekehrt werden und wie er mit gutem Beispiel vorangehen. Aus der Klage des Elija in der Wüste „Ich bin nicht besser als meine Väter" lässt sich ableiten, dass er ganz hohe Erwartungen an sich hat und es gerne besser gemacht hätte als seine Vorfahren.

---

2 Die Beobachtungen übernehme ich aus: Traugott Ulrich Schall, Erschöpft – müde – ausgebrannt. Überforderung und Resignation: vermeiden – vermindern – heilen, Würzburg 1993; http://www.pkgodzik.de/fileadmin/user_upload/Hospizarbeit/Burn-out-Syndrom.pdf (Stand 10.9.2012);

Erfahrung von Misserfolg

Menschen mit großen Erfolgserlebnissen können Misserfolge manchmal nur schwer wegstecken. Sie können einmal Erreichtes nicht genießen. Sie peilen sofort das nächste Ziel an. Mag Elija am Karmel auch Freund und Gegner überzeugt haben, so spürt er gleichzeitig, dass dieser Erfolg nicht anhält. Isebel bleibt bei ihrem Glauben, sie schwört Rache und sitzt am längeren Ast. Der Sieger muss die Flucht ergreifen. Das sagt alles.

Soziale Isolierung

Es liegt in der Aufgabe von Propheten, nicht auf den Beifall der Menschen zu warten, sondern vieles trotz Widerstand und Ablehnung einfach zu tun. Und trotzdem fällt auf, dass Elija vieles allein macht. Will er das etwa sogar? Mit den Worten „Mit leidenschaftlichem Eifer bin ich für den Herrn, den Gott der Heere, eingetreten, weil die Israeliten deinen Bund verlassen, deine Altäre zerstört und deine Propheten mit dem Schwert getötet haben. Ich allein bin übriggeblieben, und nun trachten sie auch mir nach dem Leben" (1 Kön 19,10) wird er sein Alleinsein am Horeb beklagen. Elija scheint gar nicht zu merken, dass auch Obadja, der Palastvorsteher des Königs, den Herrn von Jugend an gefürchtet hat, hundert Propheten in einer Höhle versteckt und mit Brot und Wasser versorgt, um sie vor der Verfolgung durch die Königin zu schützen (1 Könige 18,12–13). Sein Gefühl, allein zu sein, ist stärker als die Information über den Mut Obadjas. Wie entlastend wäre da ein Mitstreiter gewesen, mit dem er vieles gemeinsam gewagt und Freud und Leid geteilt hätte.

Der Menschenkenner Jesus weiß um die Chance des Miteinanders und die Gefahren der Einzelkämpfer. Deshalb schickt er seine Jünger zu zweit aus und ruft sie immer wieder in die Gemeinschaft der Gruppe zusammen. Er weiß zutiefst, dass Einzelgängertum in eine Sackgasse führt und gemeinsames Handeln wichtig, notwendig und manchmal sogar überlebensnotwendig ist.

Verkennung des Willens Gottes

Auf die berechtigte Frage, wie Gott den Tod der vierhundertfünfzig Baalspriester fordern kann, stellen viele Bibelkenner die Gegenfrage, ob Gott diesen Mord gefordert hat oder dieser nicht vielmehr aus dem Übereifer und Wahn des Elija heraus geschehen ist. In den Bibeltexten fällt jedenfalls auf, dass viele Taten Elijas ausdrücklich auf Geheiß Gottes hin geschehen: „Da erging das Wort des Herrn an Elija" (1 Könige 17,2.8; 18,1; 19,13.15). Beim großen Wettkampf am Karmel und dem Mord der Baalspriester lesen wir nichts von einem Auftrag Gottes. Dieser befiehlt lediglich: „Geh und zeig dich dem Ahab! Ich will Regen auf die Erde senden" (1 Könige 18,1).

Am Horeb wird Elija erfahren, dass Gott nicht große Feuerzeichen und Stürme wünscht, sondern uns Menschen gerade im zarten und behutsamen Säuseln begegnet. Der Weg zur Korrektur seines Gottesbildes ist für Elija noch weit. Die Lernschritte werden mithelfen, dass er aus seiner Verzweiflung herauskommt. Vorher darf und soll er richtig ausschlafen und viel essen.

Heilende Schritte für neues inneres Feuer

Doch ein Engel rührte ihn an und sprach: Steh auf und iss! Als er um sich blickte, sah er neben seinem Kopf Brot, das in glühender Asche gebacken war, und einen Krug mit Wasser. Er aß und trank und legte sich wieder hin. Doch der Engel des Herrn kam zum zweiten Mal, rührte ihn an und sprach: Steh auf und iss! Sonst ist der Weg zu weit für dich. Da stand er auf, aß und trank und wanderte, durch diese Speise gestärkt, vierzig Tage und vierzig Nächte bis zum Gottesberg Horeb. Dort ging er in eine Höhle, um darin zu übernachten. Doch das Wort des Herrn erging an ihn: Was willst du hier, Elija? Er sagte: Mit leidenschaftlichem Eifer bin ich für den Herrn, den Gott der Heere, eingetreten, weil die Israeliten deinen Bund verlassen, deine Altäre zerstört und deine Propheten mit dem Schwert getötet haben. Ich allein bin übriggeblieben, und nun trachten sie auch mir nach dem Leben. Der Herr antwortete: Komm heraus, und stell dich auf den Berg vor den Herrn! Da zog der Herr vorüber: Ein starker, heftiger Sturm, der die Berge zerriss und die Felsen zerbrach, ging dem Herrn voraus. Doch der Herr war nicht im Sturm. Nach dem Sturm kam ein Erdbeben. Doch der Herr war nicht im Erdbeben. Nach dem Beben kam ein Feuer. Doch der Herr war nicht im Feuer. Nach dem Feuer kam ein sanftes, leises Säuseln. Als Elija es hörte, hüllte er sein Gesicht in den Mantel, trat hinaus und stellte sich an den Eingang der Höhle. Da vernahm er eine Stimme, die ihm zurief: Was willst du hier, Elija? Er antwortete: Mit Leidenschaft bin ich für den Herrn, den Gott der Heere, eingetreten, weil die Israeliten deinen Bund verlassen, deine Altäre zerstört und deine Propheten mit dem Schwert getötet haben. Ich allein bin übriggeblieben, und nun trachten sie auch mir nach dem Leben. Der Herr antwortete ihm: Geh deinen Weg durch die Wüste zurück und begib dich nach Damaskus! Bist du dort angekommen, salbe Hasaël zum König über Aram! Jehu, den Sohn Nimschis, sollst du zum König von Israel salben, und Elischa, den Sohn Schafats aus Abel-Mehola, salbe zum Propheten an deiner Stelle.

1 Könige 19,5–16

Die Elias-Müdigkeit lässt sich nicht in einer Nacht ablegen, sie braucht Zeit und heilsame Außenbedingungen. Dieses Ausgebranntsein gleicht einem Schwelbrand, der gefährlicher ist als ein offenes Feuer, das man rasch erkennt und gezielt bekämpfen kann. Elija bekommt die Chance zur Heilung. Sein inneres Feuer beginnt wieder zu brennen. Er wird lernen müssen, sorgfältig diese Glut zu hüten. Welche Schritte hilfreich sind, beschreibt der mehr als zweitausend Jahre alte Bibeltext folgendermaßen:

Schlafen, Zeit und Ruhe

Man hat manchmal den Eindruck, dass unser Körper durch Krankheiten regelrecht das Recht auf Schlaf einfordert. Menschen können dann nichts anderes mehr machen als schlafen und sich hängenlassen. Das hilft, die Daueranspannung und Unruhe fallen weg.
Der Engel Gottes lässt dem Elija die notwendige Ruhe, er darf nach der ersten Stärkung wieder weiterschlafen. Jetzt drängt keine Zeit und Eile mehr. Auch nach dem Aufbruch Richtung Horeb bekommt Elija die wichtige Zeitspanne von vierzig Tagen geschenkt, damit die heilsame Wandlung ermöglicht wird. Sogar dort geschieht die Besserung nicht blitzartig und für immer ohne Rückfälle. Es fällt auf, dass Elija sein Leid vom grenzenlosen Einsatz und Alleinsein sogar zweimal sagen darf. Nach der tiefen Begegnung

mit Gott im leisen Säuseln wiederholt er nochmals wortwörtlich dieselbe Klage: „Mit Leidenschaft bin ich für den Herrn, den Gott der Heere, eingetreten, weil die Israeliten deinen Bund verlassen, deine Altäre zerstört und deine Propheten mit dem Schwert getötet haben. Ich allein bin übriggeblieben, und nun trachten sie auch mir nach dem Leben." Heilung braucht Zeit, auch die Gelegenheit, manches öfters zu fragen und beklagen. Wiederholungen geben dabei Sicherheit.

Hilfe von außen

In der Wüste Beerschebas ist Elija freiwillig ganz allein, er hat den Knecht vorher weggeschickt. In aller Not hat Elija „das große Du" Gottes nicht vergessen und kann ihn direkt anreden „Nun ist es genug, Herr." Gott hört ihn und schickt Elija einen Engel, um ihn zu stärken. Dieser macht ihm keine Vorwürfe oder weiß sofort alles besser, sondern bringt Brot und Wasser, damit der Erschöpfte isst und trinkt. Und Elija schläft wieder und der Engel sitzt wohl einfach neben ihm. Gesegnet alle Menschen, besonders alle Kranken, denen Engel in Menschengestalt zur Seite stehen!

Am Gottesberg Horeb wird Gott selbst das Gespräch mit seinem Propheten suchen. Er lockt ihn aus seiner schützenden und einengenden Höhle heraus: „Komm heraus und stell dich auf den Berg vor den Herrn!" und er begegnet ihm behutsam im sanften leisen Säuseln. Elija kann jetzt den nächsten Schritt nach außen wagen und zum Eingang der Höhle treten. Der Blick wird weiter, das zarte Feuer Gottes erwärmt sein Inneres.

Korrektur des Gottesbildes und der hohen Ziele

Mit Elija wünschen sich viele einen starken Gott, der sichtbar in Sturm und Feuer kommt, sofort hilft und die Feinde besiegt. Wenn es sein muss, darf da auch Gewalt dabei sein. Die Gegner haben es ja nicht anders gewollt und sicher verdient. Nein, der unendliche Gott ist anders und größer, als wir Menschen denken. Er lässt sich nicht auf unsere Vorstellungen reduzieren.

Am Horeb versucht Gott Elija beizubringen, dass er kein Gott der Machtinszenierung ist. Wenn Gott nicht nur der Starke und Mächtige ist, dann muss Elija nicht immer stark und mächtig sein und kann trotzdem seinem programmatischen Namen treu bleiben. Allzu hohe Ideale und Wunschvorstellungen können zu Götzen werden, denen wir alles opfern, nicht nur das eigene Leben, sondern auch die Lebensqualität der Umgebung. Hat Elija aus der Begegnung mit Gott am Horeb gelernt, hat die Menschheit daraus gelernt?

Neuer klarer Auftrag

Am Horeb befindet sich Elija geographisch weit von seinem bisherigen Wirken im Nordreich entfernt. Die vorübergehende Distanz ist heilsam. Die Zeit ist reif, verändert und gewandelt zurückzukehren: „Gehe deinen Weg durch die Wüste zurück." Auch diese nochmalige Zeitspanne in der Wüste darf als Klärung und Festigung dienen.

Elija bekommt von Gott den Auftrag, zwei Könige und den Propheten Elischa zu salben. Er darf und soll Aufgaben abgeben. Delegieren und Sich-Zurücknehmen wird ein wichtiger Schritt sein, um aus dem Burnout herauszukommen. Elija schafft es, den Auftrag zu erfüllen, zurückzukehren und Elischa als seinen Nachfolger zu berufen. Einen Teil des Weges gehen sie sogar miteinander, nicht mehr allein. Manche Konfrontationen bleiben ihm auch jetzt nicht erspart. Aber er hat wieder den Mut, die Ungerechtigkeit des Königs Ahab und seiner Frau Isebel aufzuzeigen und den armen Nabot zu verteidigen (1 Könige 21).

Die Bibel berichtet, dass der einzigartige Prophet Elija am Ende seines irdischen Lebens in einem Feuerwagen himmelwärts fährt (2 Könige 2). Das Feuer ist wieder da und leuchtet in die kommenden Jahrhunderte hinein. Ein Stück Heilung ist geschehen.

Das besondere Wort

Atme in uns, Heiliger Geist, brenne in uns, Heiliger Geist,
wirke in uns, Heiliger Geist, Atem Gottes komm!
Komm, du Geist, durchdringe uns,
komm, du Geist, kehr bei uns ein.
Komm, du Geist, belebe uns, wir ersehnen dich.

Atme in uns, Heiliger Geist, brenne in uns, Heiliger Geist,
wirke in uns, Heiliger Geist, Atem Gottes komm!
Komm, du Geist der Heiligkeit,
komm, du Geist der Wahrheit.
Komm, du Geist der Liebe, wir ersehnen dich.

Atme in uns, Heiliger Geist, brenne in uns, Heiliger Geist,
wirke in uns, Heiliger Geist, Atem Gottes komm!
Komm, du Geist, mach du uns eins,
komm, du Geist, erfülle uns.
Komm, du Geist und schaff uns neu, wir ersehnen dich.
    Text: J.-M. Morin; dt. Übers.: T. Csanády, R. Ibounigg, Graz

Mit Jeremia Hoffnung verkünden

Jeremia wirkt keine Wunder, vollbringt keine Heilungen, weckt keine Toten auf und hat keine Macht, diejenigen zu bestrafen, die nicht auf ihn hören. Wie kommt es, dass er ein so großer und wichtiger Prophet im Juden- und Christentum ist und Jesus sogar als wiederkommender Jeremia gesehen wird?

Es ist sicher nicht die Länge des Prophetenbuches (Jeremia ist mit 21.819 Worten das längste Buch der Bibel), die ihn so bedeutend macht. Es ist auch nicht der programmatische Name Jeremia (*jirmejahu* bedeutet „Gott möge aufrichten"), der ihn unvergesslich macht. Ich glaube, es ist die Verbindung von echtem authentischen Leben und gotterfüllter Botschaft. Jeremia hat ein Lebensschicksal, das vieles mit Jesus gemeinsam hat, er ist eine adventliche und österliche Gestalt zugleich. Wahrlich ein Hoffnungsbote, der mit beiden Füßen auf dem Boden steht und mit dem Herzen in Gott verankert ist.

Kauf dir einen Acker in Anatot

Das Wort, das vom Herrn an Jeremia erging im zehnten Jahr Zidkijas, des Königs von Juda – das ist das achtzehnte Jahr Nebukadnezzars. Damals belagerte das Heer des Königs von Babel Jerusalem. Der Prophet Jeremia befand sich im Wachhof am Palast des Königs von Juda in Haft. Dort hatte ihn Zidkija, der König von Juda, gefangen gesetzt. ... Jeremia sagte: Das Wort des Herrn erging an mich: Hanamel, der Sohn deines Onkels Schallum, wird zu dir kommen und sagen: Kauf dir meinen Acker in Anatot; denn dir steht es nach dem Einlösungsrecht zu, ihn zu kaufen. Tatsächlich kam Hanamel, der Sohn meines Onkels, dem Wort des Herrn gemäß zu mir in den Wachhof und sagte zu mir: Kauf doch meinen Acker in Anatot [im Land Benjamin]; denn du hast das Erwerbs- und Einlösungsrecht. Kauf ihn dir! Da erkannte ich, dass es das Wort des Herrn war. So kaufte ich von Hanamel, dem Sohn meines Onkels, den Acker in Anatot und wog ihm das Geld ab; siebzehn Silberschekel betrug die Summe. Ich schrieb die Kaufurkunde, versiegelte sie, nahm auch Zeugen hinzu und wog das Silber auf der Waage ab, alles nach Gesetz und Vorschrift.

Jeremia 32,1–10

Wir schreiben das Jahr 586 v. Chr., für Jerusalem ein Katastrophenjahr, das man sich schlimmer nicht vorstellen kann: Das mächtige Heer der Babylonier unter der Leitung von Nebukadnezzar steht nach dem Jahr 597 zum zweiten Mal vor den Toren Jerusalems. Schon damals wurde ein Teil der Bevölkerung ins ferne Babel verschleppt; jetzt scheint es noch ernster und dramatischer zu werden. Hat Jahwe sein Volk vergessen?

Mitten in der umstellten Stadt sitzt der Prophet Jeremia im Gefängnis. Die eigenen Leute haben ihn hinter Gitter gebracht, weil die Mächtigen mit seiner Predigt nicht einverstanden sind. Sie wollen die Warnung vom Untergang Jerusalems nicht hören. Der prophetische Ratschlag des Jeremia, sich mit den Babyloniern zu verbünden und sich ihnen friedlich zu unterwerfen, passt ihnen nicht. Sie werfen dem Propheten vor, die Moral der Soldaten zu untergraben und die letzte Hoffnung zu zerstören. So ein Mann muss mundtot gemacht werden. Ausgerechnet in dieser ausweglosen Situation ergeht der Auftrag Gottes an Jeremia, ein Grundstück in seinem Heimatdorf Anatot zu kaufen. Anatot liegt einige Kilometer nördlich von Jerusalem, also außerhalb der schützenden Stadtmauern und somit schon in Feindeshand. Das Grundstück gehört einem Verwandten, Jeremia hat das Vorkaufsrecht, damit es in der Verwandtschaft bleibt. Wir fragen zu Recht, was diese Ehre in so einer Situation bringt!

Wir kennen die Gefühlspalette des Jeremia in jenen Tagen nicht, wissen aber, wie er gehandelt hat. Er kauft nicht nur das Grundstück, sondern inszeniert den Kauf zu einer öffentlichen Demonstration. Der Kaufvertrag wird vor Zeugen und vielen Menschen abgeschlossen. Jeremia stellt die Kaufurkunde sogar doppelt aus und gibt sie in Tonkrüge, damit sie ja nicht verloren gehen. Dieser Prophet macht sich mehr als lächerlich angesichts der Situation, dass die Feinde vor der Tür stehen und das gekaufte Grundstück wohl bald in deren Besitz ist.

Ich frage mich: Woher nimmt Jeremia die Kraft, so zu handeln und angesichts der ausweglosen Situation nicht die Hoffnung zu verlieren? Warum kann dieser Mann noch hoffen, wo es keinen Grund dazu gibt? Haben die Erlebnisse, dass ihm ausgerechnet die eigenen Leute so viel Böses angetan haben, bei Jeremia keine Spuren hinterlassen?

In Gott verankert sein

Nachdem ich die Kaufurkunde Baruch, dem Sohn Nerijas, übergeben hatte, betete ich zum Herrn: Ach, mein Herr und

Gott! Du hast Himmel und Erde erschaffen durch deine große Kraft und deinen hoch erhobenen Arm. Nichts ist dir unmöglich. ... Du hast dein Volk Israel unter Zeichen und Wundern, mit starker Hand, mit hoch erhobenem Arm und gewaltigen Schreckenstaten aus Ägypten herausgeführt. Du hast ihnen dieses Land gegeben, das du ihren Vätern eidlich zugesichert hattest, ein Land, in dem Milch und Honig fließen. Als sie aber dorthin kamen und es in Besitz nahmen, hörten sie nicht auf deine Stimme und folgten deiner Weisung nicht. Nichts von alledem, was du ihnen befohlen hast, haben sie getan; darum hast du über sie all dies Unheil gebracht. Schon kommen die Wälle bis an die Stadt heran, bald wird man sie einnehmen; durch Schwert, Hunger und Pest ist die Stadt den Chaldäern preisgegeben, die gegen sie ankämpfen. Was du angedroht hast, ist eingetroffen; du siehst es ja selbst. Dennoch, mein Herr und Gott, sagst du zu mir: Kauf dir den Acker für Gold, und nimm Zeugen hinzu! Aber die Stadt ist doch den Chaldäern preisgegeben. Nun erging an mich das Wort des Herrn: Siehe, ich bin der Herr, der Gott aller Sterblichen. Ist mir denn irgendetwas unmöglich?

Jeremia 32,16–27

Die Hoffnung des Jeremia lässt sich mit dem Auswerfen eines großen Schiffsankers vergleichen. Sein Gebet unmittelbar nach dem Ackerkauf zeigt, wie Jeremia den Anker verwendet. Er bringt darin seine Fragen und auch sein Unverständnis auf den Punkt. Was soll dieser Ackerkauf? Warum überlässt Gott sein Volk der Hand der Feinde? Wie soll es weitergehen? Jeremia fragt und zweifelt, weil seine Situation wahrlich zum Klagen ist, aber auch weil er weiß, dass man bei seinem Gott den Kummer zum Ausdruck bringen darf. Die Hoffnung des Jeremia lebt nicht nach dem Prinzip „Die Hoffnung stirbt zuletzt". Das wäre zu wenig und in der unberechenbaren Situation höchstens das Festhalten an einem Schilfrohr. Seine Hoffnung hat einen Halt, der stabiler und stärker ist als er selbst. Sie hat in Gott eine klare Adresse, an die er sich immer wenden kann. Jeremia ist in Gott verankert. Das zeigt sich auch in anderen Situationen, in denen sein Lebensschiff in Gefahr ist. Er fühlt sich nicht gezwungen, wie der falsche Prophet Hananja einfach dem König und den Mächtigen zu schmeicheln (Jeremia 28). In seinem Handeln ist er nicht vom Beifall der Menge abhängig, sondern kann kritische Zeichen setzen wie das Tragen eines Joches (Jeremia 27) oder das Zerschlagen eines Tonkruges (Jeremia 19).

Ich bin überzeugt: Bei der Geburt bekommt jeder Mensch für seine Lebensfahrt einen Anker mit. Dieser gehört sozusagen als Startkapital zur Standardausrüstung des Lebens. Der Anker gibt keine Garantie, dass das Lebensschiff nicht in Stürme kommt, wohl aber, dass es nicht an die Felsen geschleudert oder ziellos herumgetrieben wird. Wie hilfreich, wenn Menschen wie Jeremia leben können, mit beiden Füßen auf dem Boden stehen und ihr Herz in Gott verankert haben.

Größere Zusammenhänge schenken Hoffnung

So spricht der Herr der Heere, der Gott Israels: Nimm diese Urkunden, die versiegelte Kaufurkunde und auch die offene, und leg sie in ein Tongefäß, damit sie lange Zeit erhalten bleiben. Denn so spricht der Herr der Heere, der Gott Israels: Man wird wieder Häuser, Äcker und Weinberge kaufen in diesem Land.

Jeremia 32,15–16

Das Verhalten des Jeremia ist für mich eigenartig und faszinierend zugleich: Der Prophet lässt die beiden Kaufurkunden in Tonkrüge stecken, damit sie lange Zeit erhalten bleiben und in der Zeit nach dem Krieg als gültiges Beweismittel dienen können. Dies zeigt, dass Jeremia weder dumm noch verrückt geworden ist, wohl aber aus einer größeren Perspektive heraus handelt. Er ahnt etwas von der Perspektive Gottes. Wer wünscht sich nicht diese Kunst, mitten im Chaos den Überblick zu behalten und sich nicht von den aktuellen Sorgen auffressen zu lassen.

Der Hoffnungsprophet Jeremia stößt im Auf und Ab seines Lebens auf viele Mauern und verliert trotz allem den Weitblick nicht. Seine große Trostschrift (Jeremia 30,1–31,40) endet mit der Verheißung eines neuen Bundes. Dieser ist nicht mehr auf Stein geschrieben, sondern direkt ins Herz aller Menschen, damit er weder gestohlen noch zerstört werden kann. Der angekündigte neue Bund schildert das Erreichen des höchsten Gipfels. Weitblick, Freiheit und Dankbarkeit sind uns dort garantiert. Welche Schritte fehlen zu diesem Gipfelsieg, bei dem Groß und Klein aus dem Verankertsein in Gott heraus mutiger leben? Was ist der nächste kleine Schritt dazu?

Brief der Hoffnung

Das ist der Wortlaut des Briefes, den der Prophet Jeremia aus Jerusalem an den Rest der Ältesten der Gemeinde der Verbannten sandte, an die Priester, Propheten und das ganze Volk, das Nebukadnezzar von Jerusalem nach Babel verschleppt hatte, … So spricht der Herr der Heere, der Gott Israels, zur ganzen Gemeinde der Verbannten, die ich von Jerusalem nach Babel weggeführt habe: Baut Häuser und wohnt darin, pflanzt Gärten und esst ihre

Früchte! Nehmt euch Frauen und zeugt Söhne und Töchter, nehmt für eure Söhne Frauen und gebt eure Töchter Männern, damit sie Söhne und Töchter gebären. Ihr sollt euch dort vermehren und nicht vermindern. Bemüht euch um das Wohl der Stadt, in die ich euch weggeführt habe, und betet für sie zum Herrn; denn in ihrem Wohl liegt euer Wohl. ... Ja, so spricht der Herr: Wenn siebzig Jahre für Babel vorüber sind, dann werde ich nach euch sehen, mein Heilswort an euch erfüllen und euch an diesen Ort zurückführen. Denn ich, ich kenne meine Pläne, die ich für euch habe – Spruch des Herrn –, Pläne des Heils und nicht des Unheils; denn ich will euch eine Zukunft und eine Hoffnung geben.

Jeremia 29,1–11

Dieser Brief des Jeremia zählt für mich zu den großen Briefen der Weltliteratur. Er kann zu Recht als Hoffnungsstern bezeichnet werden, der über die ganze Welt leuchtet und Perspektiven für das Miteinander der Völker und Religionen aufzeigt. Jeremia, tief verankert im Glauben an Jahwe, rät seinen Leuten in der Ferne, Häuser zu bauen, sich um das Wohl der fremden Stadt zu bemühen und sogar für sie zu beten. Da wird kein Feindbild aufgebaut, da wird nicht pauschal gegen alle gewettert und gehetzt. Jeremia unterstreicht die positive Aufgabe, die seine Leute in der Ferne erfüllen können. Glücklich die Stadt, in der sich Einheimische und Fremde um das Allgemeinwohl kümmern. Glücklich die Menschen, für die gebetet wird.

Der Brief will kein psychologischer Trick sein, um den Menschen die Zeit in der Ferne leichter zu machen. Nein, er entsteht aus der Überzeugung, dass Jahwe auch in der Ferne da ist und dort für alle Menschen einen Auftrag hat. Dieser einzigartige Gott Jahwe hat Pläne des Heils und nicht des Unheils, er will der Menschheit eine Zukunft und eine Hoffnung geben.

Alle Menschen brauchen Hoffnungsboten wie Jeremia. Beim Besuch von Papst Johannes Paul II. in einem Flüchtlingslager nahe Betlehem im Jahr 2000 sagte ein Kind im Namen der Bewohner: „Uns fehlt vieles. Aber am schlimmsten ist die Tatsache, dass wir keinen Mut und keine Hoffnung mehr haben. Ihr müsst uns helfen und von außen Mut und Hoffnung zu uns bringen."

Das besondere Wort

Wenn ich zweifelnd nicht mehr weiterweiß
und meine Vernunft versagt,
wenn die klügsten Leute nicht mehr weiter sehen
als bis zum heutigen Abend
und nicht wissen, was man morgen tun muss –
dann sendest du mir, Herr, eine unumstößliche Gewissheit,
dass du da bist.
Du wirst dafür sorgen, dass nicht alle Wege zum Guten
versperrt sind.

Alexander Solschenizyn

Mit Daniel Fenster öffnen

Daniel nun zeichnete sich vor den anderen obersten Beamten und den Satrapen aus; denn in ihm war ein außergewöhnlicher Geist. Der König erwog sogar, ihn zum höchsten Beamten des ganzen Reiches zu machen. Da suchten die obersten Beamten und die Satrapen einen Grund, um Daniel wegen seiner Amtsführung anzuklagen. Sie konnten aber keinen Grund zur Anklage und kein Vergehen finden; denn er war zuverlässig; keine Nachlässigkeit und kein Vergehen konnte man ihm nachweisen. Da sagten jene Männer: Wir werden keinen Grund finden, um diesen Daniel anzuklagen, es sei denn, wir finden gegen ihn etwas wegen des Gesetzes seines Gottes. Darum bestürmten die obersten Beamten und Satrapen den König und sagten zu ihm: König Darius, mögest du ewig leben. Alle obersten Beamten des Reiches, die Präfekten, Satrapen, Räte und Statthalter raten dem König, ein Dekret zu erlassen und folgendes Verbot in Kraft zu setzen: Jeder, der innerhalb von dreißig Tagen an irgendeinen Gott oder Menschen außer an dich, König, eine Bitte richtet, der soll in die Löwengrube geworfen werden. Erlass dieses Verbot, o König, und fertige ein Schreiben darüber aus! Es soll nach dem unwandelbaren Gesetz der Meder und Perser unabänderlich sein. König Darius unterzeichnete das Verbot. Als Daniel erfuhr, dass das Schreiben unterzeichnet war, ging er in sein Haus. In seinem Obergemach waren die Fenster nach Jerusalem hin offen. Dort kniete er dreimal am Tag nieder und richtete sein Gebet und seinen Lobpreis an seinen Gott, ganz so, wie er es gewohnt war. Nun schlichen sich jene Männer heran und fanden Daniel, wie er zu seinem Gott betete und flehte. Darauf gingen sie zum König und erinnerten ihn an sein Verbot.

Daniel 6,4–13

Was muss ich tun, damit ich nicht verbittert werde? Wie kann es gelingen, dass ich das Vertrauen und die Freude an den Menschen nicht verliere? Wie kann ich mit den realen Strukturen der Kirche und Gesellschaft versöhnt und kreativ leben? Diese Fragen beschäftigen mich immer wieder. Sie sind zutiefst spirituelle Themen, bei denen sich die eigene Lebenskultur entscheidet.

Ich möchte am Beispiel des Propheten Daniel einige Hilfen aufzeigen, wie wir mit Problemen und Gefahren hilfreich umgehen können, ohne die Augen vor der Wirklichkeit zu verschließen oder reflexartig immer den anderen die Schuld zu geben.

Zunächst zur Situation des Propheten Daniel: Im Jahr 586 v. Chr. wird Jerusalem endgültig von König Nebukadnezzar erobert. Die Stadt wird zerstört und große Teile der Bevölkerung werden ins ferne Babylonien verschleppt. Auf ausdrücklichen Befehl des Königs wachsen junge Männer wie Daniel und seine berühmten drei Freunde im Palast des Königs auf und genießen dort eine ausgezeichnete Ausbildung. Durch seine Verlässlichkeit und seine Kunst, Träume und Visionen zu deuten, wird er zu einer einflussreichen Person am Königshof. Der Perserkönig Darius überlegt sogar, ihn zum höchsten Beamten zu machen. Neid und wohl auch die Angst um die eigene Position lassen deshalb bei den Beamten und Satrapen den Plan entstehen, Daniel mit einer

List zu beseitigen. Sie überreden den König zu folgendem schriftlichen Erlass: „Jeder, der innerhalb von dreißig Tagen an irgendeinen Gott oder Menschen außer an dich, König, eine Bitte richtet, der soll in die Löwengrube geworfen werden" (Daniel 6,8). Sie wissen und hoffen, dass sich Daniel an solche Befehle nicht hält. Dann ist er weg, dann ist es vorbei mit seinem Einfluss beim König und ihre Machenschaften können ungehindert weitergehen. So war es damals, so passiert es leider auch heute! Daniel erfährt von diesem Dekret. Was tun? Die dreißig Tage abwarten? Untertauchen? Zum König gehen? Verbündete suchen? In dieser entscheidenden Stunde wirft Daniel seine Überzeugungen nicht über Bord. Er muss sich entscheiden und er tut es auch.

Fenster öffnen und offen lassen

Der Königshof in Babylon wirkt wie ein geschlossenes totalitäres System. Da wird genau kontrolliert, wer herein und hinaus darf. Alles muss im Interesse der Mächtigsten funktionieren. Niemand darf stören oder anderer Meinung sein. Sonst muss er verschwinden. Wenn wir den Blick vom Königshof zum Obergemach des Daniel wenden, sehen wir sofort den Unterschied: Daniel zieht sich nach der bedrohlichen Information in den Schutz seines Hauses zurück und geht ins Obergemach hinauf. Wir erfahren im Bibeltext, dass dort die Fenster offen sind. Dieser Hinweis ist viel mehr als eine Detailangabe zur Wohnung, er deutet an, dass sich Daniel in seiner Angst nicht einsperrt. Die offenen Fenster lassen im wahrsten Sinne des Wortes Luft herein, ermöglichen den Kontakt zur Außenwelt und verhindern, dass dicke Luft entsteht. Daniel zieht sich zurück, aber nicht um sich abzukapseln, sondern um Kraft zu schöpfen.

Die offenen Fenster im Obergemach des Daniel erinnern uns an ähnliche Situationen, in denen Menschen bewusst Fenster geöffnet haben, um aus der Enge der Angst oder eines Systems auszubrechen und frische Luft hereinzulassen. Papst Johannes XXIII. hat nach der Ankündigung des II. Vatikanischen Konzils zeichenhaft Fenster geöffnet und damit ohne viele Worte betont, dass die Kirche einen frischen Luftzug braucht, um so manches Verstaubte der vergangenen Jahrhunderte wegzublasen. Beim Öffnen der Fenster geht es nicht um ein krankhaftes Anpassen an den Zeitgeist, sondern vielmehr um die Offenheit wahrzunehmen, was gerade in der Luft ist. Mein Pfarrhaus steht am Hang der Nordkette mit einem wunderbaren Blick über die Stadt Innsbruck. Ich habe es mir zur Gewohnheit gemacht, am Abend vor dem Schlafengehen noch kurz aus dem Fenster zu schauen und mit folgenden Gedanken die Lichter der Häuser und Straßen zu betrachten. Was haben die Menschen heute alles erlebt? Wen habe ich getroffen, mit wem Worte gewechselt? Welche Freuden und Sorgen beschäftigen die Menschen? Der abendliche Blick aus dem Fenster hilft mir, dass ich den Kontakt zu den Menschen nicht verliere und mich nicht in meine Welt zurückziehe.

Richtige Blickrichtung

Die Fenster im Obergemach des Daniel sind nach Jerusalem hin ausgerichtet. Das ist kein Zufall, sondern gibt die entscheidende Richtung an. Die Blickrichtung in die Stadt des lebendigen Gottes drückt für Daniel Heimat aus, sie erinnert ihn an seine jüdischen Wurzeln und hält die Sehnsucht wach. „Ich freute mich, als man mir sagte: ‚Zum Haus des Herrn wollen wir pilgern.' Schon stehen wir in deinen

Toren, Jerusalem: Jerusalem, du starke Stadt, dicht gebaut und fest gefügt. Dorthin ziehen die Stämme hinauf, die Stämme des Herrn, wie es Israel geboten ist, den Namen des Herrn zu preisen", bringt der Beter diese Sehnsucht in Psalm 122 zum Ausdruck.

Gerade in Krisenzeiten verlieren viele Menschen den richtigen Blick. Sie nehmen entweder nur einen kleinen Spalt der Wirklichkeit wahr oder verschließen die Augen vor manchen Tatsachen. Am gefährlichsten ist es, wenn Menschen in schweren Stunden nur auf die Gefahren blicken und sich selbst regelrecht an das Bedrohliche fesseln. Wie befreiend, wenn jemand gerade in solchen Situationen die Weite behält und das Licht der Hoffnung und Sehnsucht hereinlässt. Diese Weite hilft Daniel, seinem Weg treu zu bleiben und sich nicht von seiner Angst beherrschen zu lassen. Ja, die offenen Fenster nach Jerusalem sagen viel mehr als Worte.

Gute Gewohnheit

Was kann zusätzlich helfen, um in schwierigen Zeiten dem eigenen Weg treu zu bleiben? Daniel betet in dieser Stunde „ganz so, wie er gewohnt war". In der sich wie ein Gewitter nahenden Lebensbedrohung wirft er das Eingeübte nicht weg. Er ist gewohnt, dreimal am Tag vor Gott niederzuknien; damit verhindert er, dass er sofort aufgibt. Daniel zeigt, wie eine gute Gewohnheit in Krisenzeiten hilft.

Durch die leidvolle Erfahrung, dass Routine oft leer und ohne Inhalt geworden ist, geben viele moderne Menschen alles Regelmäßige auf. Sie werden unverbindlich, wollen überall spontan handeln und nützen den gleichmäßigen Ablauf guter Rituale nicht mehr. Diese können wie die

Wirbelsäule des Körpers gleichzeitig Halt geben und Bewegungsfreiheit ermöglichen. Sie sind wie ein stabiles Standbein, das dem Sprungbein erst die Dynamik und Kraft gibt. Halte den Sonntag und der Sonntag hält dich! Triff dich immer wieder mit Freunden und du verlierst nicht den Kontakt zu ihnen! Wer regelmäßig Sport betreibt, bleibt körperlich fit.

Gebet an Gott gerichtet

„Dort kniete er dreimal am Tag nieder und richtete sein Gebet und seinen Lobpreis an seinen Gott." Im Bibeltext wird ausdrücklich betont, dass Daniel Gott als Adressaten seines Gebetes im Blick hat. Das ist doch selbstverständlich, werden viele denken. Ist es das wirklich oder bleiben nicht viele unserer Gebete beim Kreisen um uns selbst stecken? Gott kommt dann kaum ins Blickfeld, es gelingt nicht, eine Situation mit den Augen Gottes zu sehen. Wenn unser Gebet bei uns selbst aufhört, dann wird es richtungs- und kraftlos. Ich komme aus meiner Enge nicht heraus und sehe nur das eigene Spiegelbild mit meinen Bitten, Verletzungen und Träumen. Jesus erzählt in einem Gleichnis von einem Pharisäer, der zum Tempel Jerusalems hinaufgeht. Er stellt sich dort ganz vorne hin und „betete zu sich selbst" (Lukas 18,11 in wörtlicher Übersetzung). Kein Wunder, dass dieser Pharisäer im Gebet nur seine Leistungen aufzählt und hartherzig über den Zöllner spricht, der sich gleichzeitig im Tempel befindet. Daniel hingegen gelingt es, auch in der schwierigen Stunde nicht bei der Ungerechtigkeit und drohenden Gefahr hängenzubleiben. Sein Gebet hilft ihm, sich nicht einschüchtern zu lassen. Wir spüren die revolutionäre Kraft des Betens, die uns Menschen nicht klein, sondern ganz im Gegenteil zu aufrechten Geschöpfen macht. Wer vor Gott niederkniet, muss vor mächtigen Menschen nicht in die Knie gehen. Wer betend auf Gott blickt, sieht die vielen Gefahren in einem größeren Zusammenhang.

Was kann helfen, dass unser Beten nicht nur ein Blick ins eigene Spiegelbild bleibt? Für mich ist es oft das gemeinsame Beten bei Gottesdiensten. Dort gibt es viele Teile, in denen wir an andere Menschen denken und für sie beten. In den Fürbitten legen wir Gott die Freuden und Sorgen ganz verschiedener Menschen ans Herz. Ein Gottesdienst, der ständig die Armen, die Menschen in Kriegsgebieten oder auch Außenseiter unserer Gesellschaft vergisst, wird zu einer Nabelschau und zu einem Selbstbedienungsladen. Das kann nicht im Sinne Gottes sein.

Loben gibt Luft

Es wäre verständlich, wenn sich das Gebet des Daniel in der bedrohlichen Situation auf die Worte „Gott, hilf mir!" oder „Gott, warum?" reduzieren würde. Der Prophet schafft es, sogar in dieser Stunde die Luftzüge des Lobpreises zu nützen. Wie ist das möglich, ist es überhaupt sinnvoll? Mir ist klar: Loben und Dankbarkeit lassen sich nicht befehlen und erzwingen. Ehrliches Loben muss aus einer inneren Überzeugung heraus kommen. Dann fördert es nicht nur den Kontakt zu den Mitmenschen, sondern hilft auch, wachsamer und aufmerksamer zu sein. Nicht ohne Grund unterscheiden sich im Deutschen die Worte lieben, loben und leben nur in einem Buchstaben.

Daniel hält die Fenster offen und lässt sich von seinen neidischen Feinden nicht in die Enge treiben. Das gibt ihm Weite und Trost, ist aber keine Garantie dafür, dass alles gelingt und ihm nichts passiert. Daniel wird beim Beten ertappt und die Mächtigen im Königspalast bestehen darauf, dass er in die Löwengrube geworfen wird. Jede mögliche Öffnung wird sicherheitshalber verschlossen, der Machtapparat rings um den Königspalast darf nicht aufgebrochen werden. Daniel wird auf wunderbare Weise gerettet, die Löwen sind einsichtiger als die Menschen und tun ihm nichts zuleide.

Nicht alle Menschen, die wie Daniel Fenster zur Welt und zum ewigen Gott öffneten, erfuhren auf dieser Welt Gerechtigkeit und Wiedergutmachung. Viele starben als Märtyrer, manche zunächst unerkannt und verspottet. Die Menschheitsgeschichte liefert leider viele dunkle Beispiele dafür, wie Menschen eingesperrt und beseitigt wurden. Trotzdem und gerade deswegen gilt: Damit das Licht der Ewigkeit in unsere Welt hereinstrahlen kann, braucht es Menschen wie Daniel, die Fenster öffnen. Sonst wird unsere Gesellschaft im wahrsten Sinn des Wortes eng und verschlossen.

Das besondere Wort

Herr, mache mich zu einer Schale,
offen zum Nehmen, offen zum Geben,
offen zum Beschenktwerden, offen zum Bestohlenwerden.
Herr, mache mich zu einer Schale für dich,
aus der du etwas nimmst, in die du etwas hineinlegen kannst.
Wirst du bei mir etwas finden, was du nehmen könntest?
Bin ich wertvoll genug, so dass du in mich etwas hineinlegen wirst?
Herr, mache mich zu einer Schale für meine Mitmenschen,
offen für die Liebe, für das Schöne, das sie verschenken wollen,

offen für ihre Sorgen und Nöte, offen für ihre traurigen Augen und ängstlichen Blicke, die von mir etwas fordern.
Herr, mache mich zu einer Schale.

Gebet der Töpfer von Taizé

Mit Amos soziale Gerechtigkeit einfordern

Ich kenne viele Menschen, die solidarisch denken und handeln. Für sie ist Teilen kein Fremdwort, sondern alltägliche Selbstverständlichkeit. Viele von ihnen reden kaum darüber und wenn ich zu ihnen sagen würde, sie sollten wenigstens ab und zu auch ihre kritische Stimme erheben, dann würden die meisten antworten: „Das liegt mir nicht!" „Das klingt besserwisserisch!" „Ich will mich da nicht einmischen, ich kenne ja viele Hintergründe nicht." Abschreckende Beispiele von Menschen, die alles kritisieren, aber selbst nichts tun oder die eigenen Privilegien schamlos ausnützen, bewirken zusätzlich, dass sich viele nicht zu Wort melden.

Klar, soziale Gerechtigkeit entsteht in erster Linie durch Menschen, die selbst fair und solidarisch leben. Ihr Handeln ist Fundament und Basis einer besseren Welt. Gleichzeitig erhebt sich die Frage: Wie kann sich eine ungerechte Gesellschaft ändern, wenn niemand die Wurzeln der Ungerechtigkeit analysiert und mögliche Lösungsschritte aufzeigt? Wer soll Anwalt der vielen Benachteiligten und Außenseiter sein? Wer soll die Stimme erheben, wer wird gehört? Einzelne Politiker? Vertreter der Kirche? Einzelpersonen und spezielle Interessensgruppen?

Anhand des Propheten Amos sollen diese wichtigen Fragen diskutiert werden, auch deshalb, weil bei Amos Reden und Handeln zusammenpassen. Dieser Prophet ist schon allein deswegen glaubwürdig, weil er als Großbauer zur reichen Oberschicht gehört, aber nicht auf seine Sicherheit und seinen Reichtum fixiert bleibt. Er ist für die Not der Schwachen wachsam und setzt sich für diese ein.

Amos stammt aus Tekoa in der Nähe von Betlehem. Da er Schafzucht betreibt, Rinder hält und Maulbeerfeigen züchtet, kann man ihn zu den reichen Grundbesitzern zählen. Seine Berufung zum Propheten reißt ihn aus der bäuerlichen Welt heraus, er übersiedelt ins Nordreich und wirkt dort zur Zeit des Königs Jerobeam II. (782 bis 747 v. Chr.). Unter dessen Herrschaft erlebt das Reich einen politischen und wirtschaftlichen Aufschwung. Der Handel blüht, der Reichtum wächst, überall entstehen Prachtbauten. Modern gesprochen herrscht eine Periode wirtschaftlicher Hochkonjunktur.

Der große Reichtum ist die glänzende Seite der Medaille, die Kehrseite ist leider matt und düster: Zur Zeit Jerobeams werden die Armen und sozial Schwachen hemmungslos ausgebeutet und von den reichen Gläubigern wegen Kleinigkeiten in die Schuldsklaverei gezwungen. Die Richter sind bestechlich, die Kaufleute bereichern sich durch Betrug. Genau auf diese Wunde der Gesellschaft zeigt der sozial wachsame Prophet Amos hin. So marschiert er zielstrebig in die Hauptstadt Samaria und in das Reichsheiligtum in Bet-El und übt dort in einprägsamer Sprache scharfe Sozialkritik und auch Kritik am Kultbetrieb im Tempel. Was passiert mit Amos? Das, was auch heute mit ihm passieren würde. Man schiebt ihn ab, der Kultbeamte Amazja rät ihm, in seine Heimat zurückzugehen und dort als Prophet zu wirken: „Geh, Seher, flüchte ins Land Juda! Iss dort dein Brot, und tritt dort als Prophet auf! In Bet-El darfst du nicht mehr als Prophet reden, denn das hier ist ein Heiligtum des Königs und ein Reichstempel" *(Amos 7,12–13).*

Amos muss gehen. Von seinem weiteren Leben wissen wir nichts. Aber seine Botschaft wird über die Jahrhunderte hinweg immer wieder aktualisiert, Anlässe gibt es leider genügend dazu. Die Anliegen des Amos werden zweihundert Jahre nach seinem Wirken im biblischen Buch Amos aufgeschrieben, damit sie nicht vergessen werden. Es ist wichtig, dass wir die Analysen und Begründungen des Buches Amos immer wieder hören, um die eigenen blinden Flecken nicht zu übersehen und Ungerechtigkeiten nicht einfach hinzunehmen.

Sozialkritik des Amos

So spricht der Herr: Wegen der drei Verbrechen, die Israel beging, wegen der vier nehme ich es nicht zurück: Weil sie den Unschuldigen für Geld verkaufen und den Armen für ein Paar Sandalen, weil sie die Kleinen in den Staub treten und das Recht der Schwachen beugen. Sohn und Vater gehen zum selben Mädchen, um meinen heiligen Namen zu entweihen. Sie strecken sich auf gepfändeten Kleidern aus neben jedem Altar, von Bußgeldern kaufen sie Wein und trinken ihn im Haus ihres Gottes.

Dabei bin ich es gewesen, der vor ihren Augen die Amoriter vernichtete, die groß waren wie die Zedern und stark wie die Eichen; ich habe oben ihre Frucht vernichtet und unten ihre Wurzeln. Ich bin es gewesen, der euch aus Ägypten heraufgeführt und euch vierzig Jahre lang durch die Wüste geleitet hat, damit ihr das Land der Amoriter in Besitz nehmen konntet. Ich habe einige eurer Söhne zu Propheten gemacht und einige von euren jungen Männern zu Nasiräern. Ist es nicht so, ihr Söhne Israels? – Spruch des Herrn.

Amos 2,6–11

Diese Gerichtsrede gegen Israel schließt den ersten Teil des Buches Amos (Amos 1–2) ab. Die Unheilsansagen gegen die Fremdvölker Damaskus, Gaza, Tyrus, Edom, Ammon und Moab gipfeln in Reden gegen das eigene Volk. Jedem Menschen leuchtet anhand der genannten Beispiele ein, dass hier massives Unrecht geschieht. Amos zeigt dies nicht nur auf, sondern fügt als zentrale Motivation für Gerechtigkeit das Handeln Gottes an. Da Gott das schwache Israel gerettet hat, soll dieses jetzt ähnlich handeln und die Schwachen beschützen. Asoziales Verhalten verletzt demnach nicht nur die Schwachen, sondern stellt die Gottesbeziehung in Frage. Auch bei den vorausgehenden Drohungen gegen die Fremdvölker wird die Bestrafung nicht dadurch begründet, dass diese Völker gegen Israel vorgehen, sondern dass auch dort unmenschlicher Umgang herrscht.

Der dritte Teil des Buches Amos (Amos 7–9) enthält fünf Visionen des Propheten, die bildhaft ganz eindringlich mahnen, dass Gott zum Gericht schreitet. In den ersten beiden Visionen setzt sich Amos noch fürbittend für das Volk ein und erreicht Gottes Reue. Ab der dritten Vision bleibt Amos stumm, das Gericht scheint unvermeidbar. Die Botschaft dieses Abschnittes ist klar: Wenn die Menschen so weitermachen, dann gehen sie eindeutig der Katastrophe entgegen. Der vierten Vision folgt ein Abschnitt, der das schlimme Ende dramatisch aufzeigt und nochmals den Menschen ins Gewissen redet:

Hört dieses Wort, die ihr die Schwachen verfolgt und die Armen im Land unterdrückt. Ihr sagt: Wann ist das Neumondfest vorbei? Wir wollen Getreide verkaufen. Und wann ist der Sabbat vorbei? Wir wollen den Kornspeicher öffnen, das Maß kleiner und den Preis größer machen und die Gewichte fälschen. Wir wollen mit Geld die Hilflosen kaufen, für ein paar Sandalen die Armen. Sogar den Abfall des Getreides machen wir zu Geld.

Beim Stolz Jakobs hat der Herr geschworen: Keine ihrer Taten werde ich jemals vergessen. Sollte deshalb die Erde nicht beben, sollten nicht alle ihre Bewohner voll Trauer sein? Sollte nicht die ganze Erde sich heben wie der Nil und sich wieder senken wie der Strom von Ägypten? An jenem Tag – Spruch Gottes, des Herrn – lasse ich am Mittag die Sonne untergehen und breite am helllichten Tag über die Erde Finsternis aus. Ich verwandle eure Feste in Trauer und all eure Lieder in Totenklage. Ich lege allen ein Trauergewand um und schere alle Köpfe kahl. Ich bringe Trauer über das Land wie die Trauer um den einzigen Sohn, und das Ende wird sein wie der bittere Tag (des Todes).

Seht, es kommen Tage – Spruch Gottes, des Herrn –, da schicke ich den Hunger ins Land, nicht den Hunger nach Brot, nicht Durst nach Wasser, sondern nach einem Wort des Herrn. Dann wanken die Menschen von Meer zu Meer, sie ziehen von Norden nach Osten, um das Wort des Herrn zu suchen; doch sie finden es nicht. An jenem Tag werden die schönen jungen Mädchen und die jungen Männer ohnmächtig vor Durst, alle, die beim Götzenbild von Samaria schwören und sagen: So wahr dein Gott lebt, Dan, so wahr dein Geliebter lebt, Beerscheba!, sie werden zu Boden stürzen und sich nicht mehr erheben.

Amos 8,4–14

Viele dieser Vorfälle kommen uns Menschen des 21. Jahrhunderts bekannt vor, wir lesen fast täglich davon in den Zeitungen. Habgierige und korrupte Menschen sind unersättlich. Sie fälschen Maße und Gewichte. Die Kleinen sind ihnen hilflos ausgeliefert. Menschen werden zur Ware, manche gehen über Leichen.

Amos nimmt sich kein Blatt vor den Mund. Als Motivation für Umkehr wird hier nicht wie in den vorausgehenden Abschnitten das befreiende Handeln Gottes angeführt, sondern die kommende Katastrophe: Erdbeben, Trauer, Finsternis, Totenklage, Hunger. Auffällig ist der Durst nicht nur nach Essen und Trinken, sondern nach dem wahren Wort Gottes. Ohne Gottes Worte ist Israel tot.

Kultkritik des Amos

Ich hasse eure Feste, ich verabscheue sie und kann eure Feiern nicht riechen. Wenn ihr mir Brandopfer darbringt, ich habe kein Gefallen an euren Gaben und eure fetten Heilsopfer will ich nicht sehen. Weg mit dem Lärm deiner Lieder! Dein Harfenspiel will ich nicht hören, sondern das Recht ströme wie Wasser, die Gerechtigkeit wie ein nie versiegender Bach.

Amos 5,21–24

Das korrupte Verhalten der Menschen macht jeden religiösen Kult sinnlos und löst das Gegenteil aus. Gott will und kann die himmelschreiende Ungerechtigkeit nicht mehr hören. Sie lässt sich nicht mit Weihrauch verstecken. Es geht nicht nur um die Glaubwürdigkeit des Kultes, sondern um seinen wahren Sinn überhaupt.

Amos spricht mit seiner Mahnung vielen Menschen aus dem Herzen: Gottesdienst und Menschendienst gehören untrennbar zusammen. Wer in Gott eintaucht, taucht neben den Ärmsten wieder auf. Wer Gebet nur als Wellnessbad für die Seele oder nur egoistisch für sich selbst sieht, der verrät das wahre Wesen des Gebetes und macht die Botschaft der Religion unglaubwürdig. Viele Menschen werden dadurch abgeschreckt und können die großen Chancen des Glaubens nicht mehr nützen. Schade.

Drohbotschaft oder Frohbotschaft?

An jenem Tag richte ich die zerfallene Hütte Davids wieder auf und bessere ihre Risse aus, ich richte ihre Trümmer auf und stelle alles wieder her wie in den Tagen der Vorzeit, damit sie den Rest von Edom unterwerfen und alle Völker, über denen mein Name ausgerufen ist – Spruch des Herrn, der das alles bewirkt. Seht, es kommen Tage – Spruch des Herrn –, da folgt der Pflüger dem Schnitter auf dem Fuß und der Keltertreter dem Sämann; da triefen die Berge von Wein, und alle Hügel fließen über. Dann wende ich das Geschick meines Volkes Israel. Sie bauen die verwüsteten Städte wieder auf und wohnen darin; sie pflanzen Weinberge und trinken den Wein, sie legen Gärten an und essen die Früchte. Und ich pflanze sie ein in ihrem Land, und nie mehr werden sie ausgerissen aus ihrem Land, das ich ihnen gegeben habe, spricht der Herr, dein Gott.

Amos 9,11–15

Am Ende des Buches Amos kommt nochmals die ganze Welt ins Blickfeld. Damit wird zu Recht ausgedrückt, dass sich die großen Fragen der Welt nicht lokal lösen lassen. Gott stellt klar, dass er der Herr der ganzen Welt und aller Völker ist. „Seid ihr für mich mehr als die Kuschiter, ihr Israeliten? Spruch des Herrn. Wohl habe ich Israel aus Ägypten heraufgeführt, aber ebenso die Philister aus Kaftor und Aramäer aus Kir" (Amos 9,7). Der Untergang kommt, aber nicht als Pauschaluntergang der Menschheit oder aller Israeliten, sondern vergleichbar mit dem Sieben des Kornes, wo Spreu und Steine vom Korn getrennt werden (Amos

9,7–10). Die letzten Verse des Buches Amos sind ausdrücklich als Spruch Gottes formuliert und verkündigen künftiges Heil. Der politische Untergang des Nord- und auch des Südreiches scheint inzwischen traurige Tatsache zu sein (die Verse entstehen vermutlich am Ende des Exils). Jetzt erfolgt durch Gottes Wirken ein Neuanfang, Gott richtet die zerfallene Hütte Davids wieder auf, im Land wachsen Früchte in Hülle und Fülle, die ein gutes Leben ermöglichen.

Ist damit das ganze Unheil vorbei und die himmelschreiende Ungerechtigkeit doch nicht so schlimm? Oder sind die Worte der Verheißung nur blinder Trost, um Menschen nicht in Dauerangst leben zu lassen? Die Botschaft der Bibel ist ehrlich und verschließt nicht die Augen vor der Wirklichkeit, dass unser Handeln Folgen hat. Gleichzeitig ist die Bibel hoffnungsvoll, weil sie mit Überraschungen Gottes rechnet.

Seit der Zeit des Propheten Amos sind 2700 Jahre vergangen. Vieles hat sich geändert, vieles ist gleich geblieben. Manche Ereignisse scheinen sich unvermeidbar zu wiederholen. Der Menschheit gelingt es kaum, aus der Geschichte zu lernen. Wie soll Friede zwischen Völkern entstehen, wenn große Abhängigkeiten und Ungerechtigkeiten weitergehen? Wie können Jugendliche Sinn und Aufbruchsstimmung erleben, wenn sie arbeitslos sind und ihre Talente nicht einbringen können? Kriminalität ist oft der letzte Aufschrei, wenn Menschen keine Chancen haben. Schweigen oder fatalistisches Denken, dass alles so bleibt, hilft da nicht weiter, sondern zementiert die ungerechten Zustände. Veränderung ist möglich, dafür gibt es viele Beispiele. Amos zeigt uns einen Weg, weil er hinschaut, die Dinge beim Namen nennt, mit den Menschen redet und auch in

großer Gefahr sich nicht abschrecken lässt. Menschen in den Spuren des Propheten Amos sind weiterhin auf allen Gebieten und Ebenen gefragt:
- glaubwürdig, weil sie nicht bei den eigenen Privilegien stecken bleiben;
- mutig, weil sie nicht auf den Beifall der Masse warten;
- weitblickend, weil sie nicht nur Symptombehandlung machen;
- gläubig, weil sie beten und alltägliches Leben damit verbinden.

Das besondere Wort

Herr, unsere Erde ist nur ein kleines Gestirn im großen Weltall.
An uns liegt es, daraus einen Planeten zu machen,
dessen Geschöpfe nicht von Kriegen gepeinigt werden,
nicht von Hunger und Furcht gequält,
nicht zerrissen in sinnlose Trennung nach Rasse, Hautfarbe
oder Weltanschauung.
Gib uns den Mut und die Voraussicht, schon heute mit diesem Werk zu beginnen,
damit unsere Kinder und Kindeskinder einst mit Stolz den Namen Mensch tragen.

Gebet der Vereinten Nationen

Mit Jona eine zweite Chance bekommen

An der Wand einer Schulklasse, in der ich Religion unterrichtete, hing das ganze Jahr über eine Tafel mit drei Spalten. Auf der einen Spalte klebten auf kleinen Magnetstreifen jeweils die Namen aller Schüler und Schülerinnen, über den anderen Spalten stand als Überschrift „Zweite Chance" und „Aufgabe". Wenn ein Schüler Grenzen überschritt oder eine Arbeit nicht erfüllte, wanderte sein Name in die Spalte „Zweite Chance". Wenn es an einem Schultag eine weitere Übertretung gab, bekam der Schüler oder die Schülerin an diesem Tag eine zusätzliche Aufgabe. Manche Namen wanderten oft zwischen den Spalten hin und her, während einige Kinder kaum eine zweite Chance benötigten.

Wie wäre es dem Propheten Jona in dieser Schulklasse gegangen? Wie oft hätte er eine zweite Chance bekommen oder notwendige Aufgaben erfüllen müssen? Übrigens: Der Vergleich des Propheten Jona mit der Schulwelt passt nicht schlecht: Das Buch Jona kann ohne weiteres als Parabel oder Lehrerzählung bezeichnet werden. Hier wird exemplarisch geschildert, wie der Mensch von Gott Chancen und Aufgaben bekommt, diese aber zunächst nicht erfüllen will. Spannend, wie zielstrebig und kreativ Gott als Lehrer mit Jona umgeht. Gott hat als Pädagoge klare Ziele und Methoden. Hat er Erfolg? Wie groß sind die Lernschritte bei Jona?

Das Buch Jona ist mit seinen vier Kapiteln eines der kürzesten Bücher der Bibel und gleichzeitig eines der bekanntesten. Wer kennt nicht Bilder mit Darstellungen von Jona im Bauch des Fisches? Wer hat sich noch nie gefragt, wie und ob es möglich ist, dass ein Mensch von einem Fisch gefressen und nach drei Tagen wieder gesund ausgespuckt wird? Merkwürdigerweise geht es dem Autor des Buches Jona um ganz andere Themen: um den Blick auf die gesamte Welt und nicht nur das Volk Israel, um Rettung und Neuanfang, um das Bekenntnis, dass Jahwe Herr über Himmel und Erde ist. Da stört es nicht, dass Jona im Bauch des Fisches von Opfern im Tempel Jerusalems redet oder sogar Tiere Bußgewänder anziehen. Da macht es auch nichts, dass bei der Entstehung des Jonabuches im 4. oder 3. Jahrhundert v. Chr. die Stadt Ninive schon längst zerstört ist. Die Assyrerstadt Ninive wurde im Jahr 612 v. Chr. von den Babyloniern erobert. Sie ist inzwischen allgemein zum Symbol für eine gottfeindliche und verdorbene Stadt geworden, wie es später auch Babylon sein wird.

In 2 Könige 14,25 wird ein Prophet Jona erwähnt. Außer dem Namen gibt es keine Verbindung zu diesem Propheten. Im Buch Jona fehlen bewusst geschichtliche Anhaltspunkte, die auf eine bestimmte historische Zeit hinweisen. Es will eine Lehrerzählung sein mit Jona als Typus eines Menschen, der Chancen bekommt, auf der Flucht vor Gott und wohl mehr vor sich selbst ist, der lieber in seiner eigenen Welt lebt und durch Ereignisse aufgerüttelt wird. Jona ist zeitlos, er ist auch ein Mensch von heute.

Erste Chance

Das Wort des Herrn erging an Jona, den Sohn Amittais: Mach dich auf den Weg, und geh nach Ninive, in die große Stadt, und droh ihr das Strafgericht an! Denn die Kunde von ihrer Schlechtigkeit ist bis zu mir heraufgedrungen. Jona machte sich auf den Weg; doch er wollte nach Tarschisch fliehen, weit weg vom Herrn. Er ging also nach Jafo hinab und fand dort ein Schiff, das nach Tarschisch fuhr. Er bezahlte das Fahrgeld und ging an Bord, um nach Tarschisch mitzufahren, weit weg vom Herrn.

Jona 1,1–3

Nach wenigen Worten sind wir bereits mitten im Geschehen. Gott gibt Jona den großen Auftrag, nach Ninive zu gehen. Dieser bleibt nicht einfach sitzen, bricht sofort auf, allerdings genau in die entgegengesetzte Richtung. Er sucht ein Schiff in die fernste Stadt, die man sich vorstellen kann, weit weg nach Tarschisch in Spanien. Jona bezahlt sofort das Fahrgeld. Hauptsache „weit weg vom Herrn", wie es zweimal im kurzen Bibeltext heißt.

Warum macht sich Jona nicht nach Ninive auf und tut das, was ihm Gott aufgetragen hat? Der Bibeltext nennt keine Gefühle und Gedanken des Jona. Wir ahnen sie, weil sie auch unsere täglichen Gefühle und Bedenken widerspiegeln: Ist es überhaupt Gott, der mir den Auftrag gibt, oder eine andere Stimme oder sogar Einbildung? Was kann ich als Einzelner in dieser großen Stadt bewirken, Ninive ist ja feindliches Ausland und noch dazu so groß? Die Aufgabe überfordert mich. Am Ende der Erzählung wird Jona als Grund für seinen Ungehorsam aufzählen: „Ach Herr, habe ich das nicht schon gesagt, als ich noch daheim war? Eben darum wollte ich ja nach Tarschisch fliehen; denn ich wusste, dass du ein gnädiger und barmherziger Gott bist, langmütig und reich an Huld und dass deine Drohungen dich reuen" (Jona 4,2).

Jona gehört nicht zu den Menschen, die nichts tun oder so lange zögern, bis es zu spät ist. Er zählt wohl eher zu denjenigen, die ganz schnell handeln und dabei nur ihren Horizont im Blick haben. Meist ist es die Angst, die sie in die Enge führt und nicht links und rechts schauen lässt. Und dann kommt es zum Glück ganz anders, als von Jona geplant. Bei aller Anstrengung und allen Tricks kann er vor diesem Gott nicht fliehen und nicht aus seiner Hand herausfallen. Dieser Gott ist mehr als ein gutes Gefühl in frommen Stunden oder ein Automat, der auf Knopfdruck Wünsche erfüllt. Auch wenn Gott im Jonabuch als geduldig und weitsichtig gezeigt wird, so ist doch klar: Er hält den Lauf der Welt sicher in seinen Händen, und das ist gut so. Gott schickt einen heftigen Meeressturm und einen großen Fisch und unterstreicht damit auch, dass er der Herr des Himmels und der Erde, der Tiere und aller Menschen ist. Ob Jona will oder nicht, er wird die Größe Gottes in vielen Lernschritten erfahren.

In der Begegnung mit der klugen und gottesfürchtigen Schiffsbesatzung wird der Starrsinn des Jona unausweichlich in Frage gestellt. Sind diese Menschen wirklich so ungebildet und fern von Gott? Das Grübeln und erste Schritte der Dankbarkeit bringt Jona im berühmten Psalm zum Ausdruck, den er im Bauch des Fisches betet. „In meiner Not rief ich zum Herrn, und er erhörte mich. Aus der Tiefe der Unterwelt schrie ich um Hilfe, und du hörtest mein Rufen. Du hast mich in die Tiefe geworfen, in das Herz der Meere; mich umschlossen die Fluten, all deine Wellen und Wogen schlugen über mir zusammen. Ich dachte: Ich bin aus deiner Nähe verstoßen. Wie kann ich deinen heiligen Tempel wieder erblicken? Das Wasser reichte mir bis an die Kehle, die Urflut umschloss mich; Schilfgras umschlang meinen Kopf. Bis zu den Wurzeln der Berge, tief in die Erde kam ich hinab; ihre Riegel schlossen mich ein für immer. Doch du holtest mich lebendig aus dem Grab herauf, Herr, mein Gott" (Jona 2,3–7). Der Psalm gilt als das tiefste Gebet der Welt, da er unter dem Meeresspiegel gebetet wurde. Die Ortsangabe bringt auch einen inneren Zustand zum Ausdruck. Jona ist ganz tief gefallen und spürt gleichzeitig an den Wurzeln der Berge, wie er von Gott getragen ist: Wird Jona weitere Chancen bekommen, wird er sie nützen? Wird Jona aus den Erfahrungen lernen?

Zweite Chance

Das Wort des Herrn erging zum zweiten Mal an Jona: Mach dich auf den Weg, und geh nach Ninive, in die große Stadt, und droh ihr all das an, was ich dir sagen werde. Jona machte sich auf den Weg und ging nach Ninive, wie der Herr es ihm befohlen hatte. Ninive war eine große Stadt vor Gott; man brauchte drei Tage, um sie zu durchqueren. Jona begann, in die Stadt hineinzugehen; er ging einen Tag lang und rief: Noch vierzig Tage, und Ninive ist zerstört! Und die Leute von Ninive glaubten Gott. Sie riefen ein Fasten aus, und alle, Groß und Klein, zogen Bußgewänder an. Als die Nachricht davon den König von Ninive erreichte, stand er von seinem Thron auf, legte seinen Königsmantel ab, hüllte sich in ein Bußgewand und setzte sich in die Asche. Er ließ in Ninive ausrufen: Befehl des Königs und seiner Großen: Alle Menschen und Tiere, Rinder, Schafe und Ziegen, sollen nichts essen, nicht weiden und kein Wasser trinken. Sie sollen sich in Bußgewänder hüllen, Menschen und Tiere. Sie sollen laut zu Gott rufen, und jeder soll umkehren und sich von seinen bösen Taten abwenden und von dem Unrecht, das an seinen Händen klebt. Wer weiß, vielleicht reut es Gott wieder, und er lässt ab von seinem glühenden Zorn, so dass wir nicht zugrunde gehen.

Jona 3,1–9

Ein Neustart mit fast gleichlautenden Worten Gottes wie am Beginn. Jona nützt jetzt die Chance, geht ganz selbstverständlich nach Ninive und erfüllt den Willen Gottes. Auch die Leute von Ninive nützen ihre Chance und zeigen ihre Bereitschaft zur Umkehr. Selbst der ausländische König erkennt den Ernst der Stunde und geht mit gutem Beispiel voran. Nach den Seeleuten wieder vorbildliche Heiden, die auf die Weisung des fremden Gottes Jahwe hören!

„Noch vierzig Tage, und Ninive ist zerstört!" Es ist kurz vor zwölf! Ist es bereits zu spät? Ohne langes Herumreden drückt diese Kurzpredigt eine Drohung aus, aber nicht nur das: Bibelkenner wissen, dass die Zahl 40 immer eine intensive Zeit der Wandlung, der Umkehr oder Vorbereitung zum Ausdruck bringt. Ob es Jona will oder nicht, in seiner eigenen Predigt gibt er den Leuten von Ninive noch eine Chance. Ob er ihnen eine Änderung ihres Verhaltens zutraut, das wissen wir nicht. Es fällt jedenfalls auf, dass Jona in seiner Kurzpredigt nicht von Gott redet.

Wir fragen uns heute zu Recht, wie der schnelle Erfolg des Jona an einem einzigen Tag möglich ist. Die Kurzpredigt allein kann es nicht gewesen sein, sie würde heute wohl kaum jemanden zum Handeln motivieren.

- War die Zeit reif?
- Warum erkennen heute viele Menschen nicht die Notwendigkeit, dass sie selbst etwas ändern müssen und dass auch das gesamte Wirtschaftsgefüge einer anderen Logik folgen muss?

„Wer will, dass die Welt so bleibt, wie sie ist, will nicht, dass sie bleibt", bringt Erich Fried den Ernst der Lage auf den Punkt. Angenommen, Sie hätten den Auftrag, heute nach Wien, Paris oder New York zu gehen und dort zu predigen.
- Wie und wo würden Sie beginnen?
- Was wären Ihre Anliegen?
- Würden Sie den Auftrag annehmen oder doch lieber nach Tarschisch fliehen? Gründe gibt es ja genug, oder?

Auch den anderen eine zweite Chance geben?

Und Gott sah ihr Verhalten; er sah, dass sie umkehrten und sich von ihren bösen Taten abwandten. Da reute Gott das Unheil, das er ihnen angedroht hatte, und er führte die Drohung nicht aus.

Das missfiel Jona ganz und gar, und er wurde zornig. Er betete zum Herrn und sagte: Ach Herr, habe ich das nicht schon gesagt, als ich noch daheim war? Eben darum wollte ich ja nach Tarschisch fliehen; denn ich wusste, dass du ein gnädiger und barmherziger Gott bist, langmütig und reich an Huld und dass deine Drohungen dich reuen. Darum nimm mir jetzt lieber das Leben, Herr! Denn es ist für mich besser zu sterben als zu leben. Da erwiderte der Herr: Ist es recht von dir, zornig zu sein?

Da verließ Jona die Stadt und setzte sich östlich vor der Stadt nieder. Er machte sich dort ein Laubdach und setzte sich in seinen Schatten, um abzuwarten, was mit der Stadt geschah. Da ließ Gott, der Herr, einen Rizinusstrauch über Jona emporwachsen, der seinem Kopf Schatten geben und seinen Ärger vertreiben sollte. Jona freute sich sehr über den Rizinusstrauch. Als aber am nächsten Tag die Morgenröte heraufzog, schickte Gott einen Wurm, der den Rizinusstrauch annagte, so dass er verdorrte. Und als die Sonne aufging, schickte Gott einen heißen Ostwind. Die Sonne stach Jona auf den Kopf, so dass er fast ohnmächtig wurde. Da wünschte er sich den Tod und sagte: Es ist besser für mich zu sterben als zu leben. Gott aber fragte Jona: Ist es recht von dir, wegen des Rizinusstrauches zornig zu sein? Er antwortete: Ja, es ist recht, dass ich zornig bin und mir den Tod wünsche. Darauf sagte der Herr: Dir ist es leid um den Rizinusstrauch, für den du nicht gearbeitet und den du nicht großgezogen hast. Über Nacht war er da, über Nacht ist er eingegangen. Mir aber sollte es nicht leid sein um Ninive, die große Stadt, in der mehr als hundertzwanzigtausend Menschen leben, die nicht einmal rechts und links unterscheiden können – und außerdem so viel Vieh?

Jona 3,10–4,11

Schon wieder ein ganz anderer Verlauf, als von Jona geplant! Wenn er schon in Ninive predigen muss, so soll Gott doch zur angekündigten Zerstörung stehen und nicht wieder umfallen und gütig werden! Es ist eigenartig und doch häufig zu beobachten: Viele Menschen, die wie Jona selbst mehrere Chancen bekommen haben, wollen anderen keine zweite Chance geben (vgl. Gleichnis vom unbarmherzigen Schuldner in Matthäus 18,23–35). Sie kommen niemals auf die Idee, wie Abraham für Sodom Fürbitten einzulegen. Jona scheint zu diesem Menschentyp zu gehören, der allzu sehr mit sich selbst beschäftigt ist und kaum einen Blick für die Freuden und Nöte der anderen Menschen hat. Man hat den Eindruck, dass der Lehrmeister Gott bei ihm nach all den Ereignissen wieder von vorne anfangen muss. Er tut es auch und versucht kreativ mit dem Lernbeispiel des Rizinusstrauches und einfühlsam mit Fragen seine Didaktik aufzuzeigen. „Dir ist es leid um den Rizinusstrauch, für den du nicht gearbeitet und den du nicht großgezogen hast.

Mir aber sollte es nicht leid sein um Ninive!" Das Buch Jona schließt mit dieser Frage Gottes und lässt vieles offen: Wie hat Jona darauf reagiert? Hat er seinen Starrsinn eingesehen, sein Kreisen um sich selbst unterbrochen und etwas von der Weite Gottes gelernt? Die Frage geht in den kommenden Jahrhunderten weiter und will auch uns herausfordern. Nicht ohne Grund verwenden die jüdischen Gemeinden am großen Versöhnungstag Jom Kippur als Schriftlesung die Texte aus dem Jonabuch. Sie wollen die Botschaft ihres Gottes als Ermahnung ernst nehmen.

Jesus spricht vom „Zeichen des Jona" (Matthäus 12,39) und erwähnt die Bereitschaft der Bewohner von Ninive zur Umkehr als mahnendes Beispiel, auf Gott zu hören und nicht in der eigenen Selbstgerechtigkeit zu verharren. Die Lehrerzählung des Jonabuches ist voll von symbolischen Bildern, die das Zeichen des Jona zeitlos zum Ausdruck bringen. Es sind dies unter anderem der Fisch und der Name Jona. Der hebräische Name Jona bedeutet übersetzt „Taube". Er enthält als Lebensprogramm den Auftrag, als Friedenstaube nach Ninive zu fliegen, dort ehrlich die Gefahren der Welt aufzuzeigen und gleichzeitig das klare göttliche Ziel der Verbesserung zu verfolgen. Ich glaube, dass „der Jona in uns" oft hin und her gerissen ist zwischen dem Programm als Friedenstaube und der Neigung, doch lieber wie kleine Stechmücken oder wie ein Wolf in Ninive einzudringen und wie heulende Hyänen zu klagen.

Die frühen Christen greifen den großen Fisch des Jona als Symbol für Jesus auf. Jona überlebte drei Tage und drei Nächte im Bauch des großen Fisches und erfuhr dort eine erste Wandlung. Durch die drei Tage Jesu im Grab geschieht die große Wandlung der Menschheit, die nicht mehr rückgängig gemacht werden kann. Die Tür der Erlösung und

Barmherzigkeit Gottes steht für immer und für alle offen. So wird der Fisch zum geheimen Erkennungszeichen der Christen. Das griechische Wort für Fisch ICHTHYS bildet die Anfangsbuchstaben des Glaubensbekenntnisses „(J)esus (CH)ristos (T)eu (HY)ios (S)oter", das übersetzt „Jesus Christus, Sohn Gottes, Erlöser" bedeutet.

Das besondere Wort

Gott, heute geht es mir wie dem Propheten Jona.
Ich bin davongerannt.
Ich habe Angst und will es nicht zugeben.
Ich will einfach weg.
Öffne mir den Blick für andere Menschen,
damit ich nicht so sehr um mich selber kreise.
Du hast mir oft eine zweite Chance gegeben,
aber warum soll ich diese auch meinen Gegnern geben?
Du kannst mich von meinem Starrsinn befreien.

Mit Rafael andere begleiten

Die christliche Tradition kennt sieben leibliche und sieben geistige Werke der Barmherzigkeit. Zu den leiblichen Werken gehören: Hungrige speisen, Dürstenden zu trinken geben, Nackte bekleiden, Fremde aufnehmen, Kranke besuchen, Gefangene besuchen, Tote begraben. Als geistige Werke der Barmherzigkeit zählen: Unwissende lehren, Zweifelnden recht raten, Betrübte trösten, Sünder zurechtweisen, Lästige geduldig ertragen, denen, die uns beleidigen, gerne verzeihen, für die Lebenden und die Toten beten. Anlässlich der Feierlichkeiten „700 Jahre Elisabeth von Thüringen" wurde in der Diözese Erfurt der Versuch gewagt, die Werke der Barmherzigkeit auf die heutige Zeit zu übertragen. Dabei wurden folgende sieben Werke formuliert, die jeder Mensch erfüllen kann: Ich gehe ein Stück mit dir. Ich höre dir zu. Ich rede gut über dich. Ich teile mit dir. Ich besuche dich. Ich bete für dich. Ich sage und zeige dir, dass du dazugehörst.

Das alttestamentliche Buch Tobit schildert, wie Menschen ganz selbstverständlich Barmherzigkeit leben: Der strenggläubige Israelit Tobit gibt den Hungernden Brot und den Nackten Kleider. Er erweist den Verstorbenen die letzte Ehre und begräbt sie auch noch unter größtem Risiko. Im Auf und Ab von Glück und Unglück fließen nicht nur viele Tränen, es sind auch einfühlsame Menschen zugegen, die Tränen trocknen und trösten (Tobit 7,16). Das Wort „Barmherzigkeit" gehört zu den Schlüsselworten des Buches und erzählt von Menschen und von Gott, dessen Barmherzigkeit der Grund und die Motivation für das Handeln der Menschen ist. In besonderer Weise ist es der Engel Rafael, der im rechten Moment zur Stelle ist und Tobias behutsam und sicher begleitet. So soll nach einer allgemeinen Hinführung die spannende Handlung des Buches besonders im Blick auf die Begleitung des jungen Tobias durch Rafael betrachtet werden.

Das Buch Tobit spannt einen zeitlichen Bogen von drei Jahrhunderten. Gemäß Tobit 1,1 wird Tobit zur Zeit des assyrischen Königs Salmanassar (727 bis 722 v. Chr.) als Gefangener aus Tisbe nach Ninive verschleppt. Das Buch schließt mit der Information, dass Tobias im Alter von 127 Jahren in Ekbatana in Medien stirbt und vor seinem Tod noch die Zerstörung von Ninive (612 v. Chr.) erlebt. Dass auch der Perserkönig Xerxes I. (484 bis 464 v. Chr.) am Untergang Ninives beteiligt war, ist historisch falsch und zeigt, dass es dem Buch Tobit nicht streng um historische Tatsachen geht. Auch die großen geographischen Entfernungen zwischen Ninive, Ekbatana und Rages lassen sich zu Fuß in der angegebenen Zeit nie zurücklegen. Es geht dem unbekannten Autor um die zeitlose Botschaft, wie ein gläubiger Israelit auch in der Diaspora in Treue zu seinem Gott leben kann. Gattungsmäßig gleicht das Buch Tobit wie das Buch Jona einer romanhaften Lehrerzählung und enthält die Zusage, dass die Israeliten auch in der Diaspora von Gott nicht vergessen sind. Es ist auffällig, dass das Neue Testament kein ausdrückliches Zitat aus dem Buch Tobit enthält. Das Buch wurde in der christlichen Tradition für die Lehre der Schutzengel bedeutsam.

andere begleiten

Rafael als Wegbegleiter

Das Gebet beider, Tobits und Saras, fand Gehör bei der Majestät des großen Rafael. Er wurde gesandt, um beide zu heilen: um Tobit von den weißen Flecken auf seinen Augen zu befreien und um Sara, die Tochter Raguëls, mit Tobits Sohn Tobias zu vermählen und den bösen Dämon Aschmodai zu fesseln. Denn Tobias sollte Sara zur Frau haben. Und Tobit kehrte zur gleichen Zeit in sein Haus zurück, als Sara, die Tochter Raguëls, aus ihrem Zimmer herabkam.

Tobit 3,16–17

Die Ausgangslage gleicht einer Sackgasse: Tobit war Einkäufer am Königshof, hat aber inzwischen Beruf und Besitz verloren. Er ist blind und zieht sich sogar den Spott seiner Frau Hanna zu, die jetzt für den Unterhalt sorgen muss. Als frommer und treuer Israelit hat er das Beten zum Glück nicht verlernt. Auch Sara, die Tochter Raguëls, betet in ihrer Not im fernen Ekbatana zum Gott Israels. Sie war schon mit sieben Männern verheiratet, doch der böse Dämon Aschmodai hat sie alle in der Hochzeitsnacht getötet. Sara möchte sich aufgrund des Spottes ihrer Mägde am liebsten erhängen, allein die Sorge um ihre Eltern hält sie davon ab. Was kann angesichts dieser Situation aus dem jungen Tobias, Sohn des Tobit und der Hanna, werden? Hände und Füße scheinen ihm gebunden zu sein, die klugen Ratschläge seines Vaters sind zwar gut gemeint und richtig, aber können sie ihm zu einem erfüllten Leben helfen? Es braucht eine Hilfe von außen, es braucht einen Engel Gottes!

Gott erhört das Gebet und sendet den Engel Rafael, um alle aus ihrer Sackgasse herauszuführen. In seiner finanziellen Not schickt Tobit seinen Sohn Tobias ins ferne Rages zu seinem Verwandten Gabaël, bei dem er in den Zeiten seines Reichtums eine große Geldsumme hinterlegt hat. Dazu sucht Tobias einen Reisebegleiter, er trifft auf der Straße „zufällig" Rafael und bekommt sofort die Zusage: „Ich will mit dir reisen; ich kenne den Weg und war schon bei unserem Bruder Raguël zu Gast" (Tobit 5,6). Rafael nennt nicht seine wahre Identität als Engel, sondern gibt sich als Asarja aus. Nachdem auch der Vater von der Zuverlässigkeit Asarjas überzeugt ist, ziehen die beiden los und auch der Hund des jungen Tobias läuft mit. Auf der langen Reise erweist sich Rafael nicht nur als Wegkenner, sondern auch als Retter in gefährlichen Situationen. Als beim Baden ein großer Fisch den Tobias verschlingen will, warnt ihn Rafael noch rechtzeitig und gibt den Ratschlag, den Fisch an Land zu werfen und Herz, Leber und Galle herauszuschneiden. Tobias ist gerettet, das Herz und die Leber des Fisches werden später den bösen Geist Aschmodai für immer vertreiben, mithilfe der Galle wird Tobit wieder sehen können. Bei den Verhandlungen zur Hochzeit mit Sara erweist sich Rafael als einer, der manchmal ganz vorne steht und dann wieder ganz im Hintergrund bleibt. Er informiert Tobias über den bösen Geist Aschmodai und die ausweglose Situation der Sara, er spricht im Namen des Tobias den Heiratsantrag aus. Er zieht auf die Bitte des Tobias hin allein nach Rages zu Gabaël, um das Geld zu holen. Tobias bleibt inzwischen in Ekbatana und genießt die vierzehntägigen Hochzeitsfeiern.

Es fällt auf, dass Tobias durch die Hilfe des Rafael immer sicherer wird. War er zunächst nur passiver Sohn eines starken Vaters, so übernimmt er im Laufe des Geschehens selber die Initiative und bekommt ein Gespür für den richtigen Moment. Die Zusagen des Rafael geben ihm gerade im Blick auf Sara und den bösen Geist Sicherheit. Der Engel Rafael hat an alles gedacht, er ist wahrlich ein Begleiter mit Weitblick.

Gute Begleiterinnen und Begleiter sind wie Engel, die oft unangemeldet und unerkannt einfach für andere da sind. Die Möglichkeiten dazu sind vielfältig: Ein guter Begleiter geht wie Rafael mit unsicheren Menschen gerade jene Lebensetappen mit, die sie allein nicht schaffen würden. Von Rafael können wir lernen, andere zu fördern und nicht uns selber in den Mittelpunkt zu stellen. Es ist ermutigend zu lesen, dass Tobias durch die Begleitung Rafaels sehr viel gelernt hat und ganz zielstrebig seinem Vater die Galle auf die Augen streicht. Wenn Rafael bis zuletzt alles allein getan hätte und z. B. dem Tobit selbst die Galle auf die Augen gestrichen hätte, wäre Tobias nie erwachsen geworden. Begleiten und Ermutigen bedeuten demnach, andere zu fördern und ihnen Sicherheit zu geben. Dann können sie Neues wagen. Wer weiß, ob Gott nicht gerade mich zu diesem und jenem Menschen schickt, um ihn oder sie zu ermutigen und in entscheidenden Stunden zu begleiten.

Rafael als heilende Nähe Gottes

Als sie auf ihrer Heimreise in die Nähe von Ninive kamen, sagte Rafael zu Tobias: Weißt du noch, Bruder, wie es deinem Vater ging, als du ihn verlassen hast? Wir wollen deshalb deiner Frau vorausgehen und das Haus für ihren Empfang vorbereiten. Nimm auch die Galle des Fisches mit! Sie machten sich auf den Weg, und der Hund lief hinter ihnen her. Hanna saß am Weg und hielt nach ihrem Sohn Ausschau. Als sie ihn kommen sah, rief sie seinem Vater zu: Dein Sohn kommt zurück und mit ihm der Mann, der ihn begleitet hat. Rafael aber sagte zu Tobias: Ich weiß, dein Vater wird wieder sehen können. Streich ihm die Galle auf die Augen! Sie wird zwar brennen; aber wenn er sich die Augen reibt, wird er die weißen Flecken wegwischen und wird dich wieder sehen können. Hanna war inzwischen herbeigeeilt, fiel ihrem Sohn um den Hals und rief: Ich habe dich wieder gesehen, mein Sohn, jetzt kann ich ruhig sterben. Und beide brachen in Tränen aus. Auch Tobit versuchte, ihm entgegenzugehen, stolperte aber an der Tür. Da lief ihm sein Sohn entgegen und fing ihn auf. Und er strich seinem Vater die Galle auf die Augen und sagte: Hab keine Angst, mein Vater! Tobit rieb sich die Augen, weil sie brannten; da begannen die weißen Flecken, sich von den Augenwinkeln aus abzulösen. Und er konnte seinen Sohn sehen, fiel ihm um den Hals und sagte unter Tränen: Sei gepriesen, Gott, gepriesen sei dein heiliger Name in Ewigkeit. Gepriesen seien alle deine heiligen Engel. Du hast mich gezüchtigt und hast wieder Erbarmen mit mir gehabt. Denn ich darf meinen Sohn Tobias wieder sehen. Voll Freude ging der Sohn mit seinem Vater ins Haus und erzählte ihm, was für wunderbare Dinge er in Medien erlebt hatte.

Tobit 11,1–15

Der hebräische Name Rafael bedeutet „Gott heilt". Wie so oft in der Bibel bringt der Name das Lebensprogramm des Namensträgers zum Ausdruck. Die anderen Personen bestätigen diesen Auftrag: Asarja heißt „Gott hat geholfen" und Tobit beziehungsweise Tobias „Gott ist gut". Hanna (= Gott war gnädig) bezeugt die Gnade Gottes.

Die gesamte Familiengeschichte Tobits zeigt viele gegenseitige Abhängigkeiten und Verletzungen: Der gesetzestreue Israelit Tobit hat ausgerechnet beim heimlichen Begräbnis das Augenlicht verloren. Er ist nicht nur blind, sondern kann sich kaum mehr an der Schönheit der Welt erfreuen. Zwischen ihm und seiner Frau Hanna herrscht Misstrauen, er wirft ihr sogar Diebstahl vor. Nicht nur der Dämon Aschmodai hält die junge Sara gefangen, auch ihr Vater Raguël will ihr im Grunde nicht die volle Freiheit schenken. Die äußere Not und das Ausgeliefertsein an fremde Mächte verstärken die innere Not aller Beteiligten. Tobias sitzt zwischen den Sesseln und bekommt durch die Hilfe des Engels Rafael die Chance, an der Situation nicht zu zerbrechen, sondern vieles zum Guten zu wenden. Bei den verschiedenen Bemühungen um Besserung ist allen Beteiligten klar, dass sie auf die Hilfe Gottes angewiesen sind und Gott allein heilen kann. In langen Gebeten bringen Tobit, Sara und Tobias und Raguël ihre Situation zum Ausdruck. Es gelingt ihnen dabei, nicht allein beim Bitten stecken zu bleiben, sondern die großen Zusammenhänge ihres Lebens zu formulieren und sogar Gott zu preisen. Diese Ehrlichkeit ist ein großer Schritt zur Heilung!

Im Gesamt des Buches Tobit fällt auf, dass weder Gott selbst noch Rafael als die großen Heiler und Wundertäter auftreten, Heilung auf Knopfdruck ermöglichen oder aus der Heilung eine große Show machen. Die Schritte der Heilung geschehen sehr behutsam und im Schutz einer vertrauten Umgebung. Auch das ist wahre Begleitung und nicht Missbrauch anderer fürs eigene Ansehen. Gott sieht die Not und schickt auch heute unerkannte Engel wie Rafael, die auf ihre Art und Weise helfen. Der Gedanke der Schutzengel erzählt von dieser Nähe Gottes zu jedem einzelnen Menschen.

Das besondere Wort

Gottes Engel sei dein Begleiter
in guten und in schweren Zeiten,
auf bequemen und auf steinigen Wegen,
durch Höhen und Tiefen.

*Er stärke dich und mache dir Mut,
dich den großen und kleinen
Herausforderungen des Lebens
beherzt zu stellen.*

*Er gebe dir die Einsicht,
nicht übereilt zu handeln,
gute Entscheidungen zu treffen
und sie furchtlos umzusetzen.*

*Er unterstütze dich dabei,
die Ziele, die du dir gesetzt hast,
mit Entschlossenheit und Tatkraft
anzugehen und zu erreichen.*

*Er mahne dich zur Geduld
und schenke dir die Gelassenheit,
dir und anderen Zeit zu lassen
zum Wachsen und zum Reifen.*
                         Gisela Baltes

Mit Maria Gipfelgespräche führen

Im sechsten Monat wurde der Engel Gabriel von Gott in eine Stadt in Galiläa namens Nazaret zu einer Jungfrau gesandt. Sie war mit einem Mann namens Josef verlobt, der aus dem Haus David stammte. Der Name der Jungfrau war Maria. Der Engel trat bei ihr ein und sagte: Sei gegrüßt, du Begnadete, der Herr ist mit dir. Sie erschrak über die Anrede und überlegte, was dieser Gruß zu bedeuten habe. Da sagte der Engel zu ihr: Fürchte dich nicht, Maria; denn du hast bei Gott Gnade gefunden. Du wirst ein Kind empfangen, einen Sohn wirst du gebären: dem sollst du den Namen Jesus geben. Er wird groß sein und Sohn des Höchsten genannt werden. Gott, der Herr, wird ihm den Thron seines Vaters David geben. Er wird über das Haus Jakob in Ewigkeit herrschen, und seine Herrschaft wird kein Ende haben. Maria sagte zu dem Engel: Wie soll das geschehen, da ich keinen Mann erkenne? Der Engel antwortete ihr: Der Heilige Geist wird über dich kommen, und die Kraft des Höchsten wird dich überschatten. Deshalb wird auch das Kind heilig und Sohn Gottes genannt werden. Auch Elisabet, deine Verwandte, hat noch in ihrem Alter einen Sohn empfangen; obwohl sie als unfruchtbar galt, ist sie jetzt schon im sechsten Monat. Denn für Gott ist nichts unmöglich. Da sagte Maria: Ich bin die Magd des Herrn; mir geschehe, wie du es gesagt hast. Danach verließ sie der Engel.

Lukas 1,26–38

Europaweit und weltweit gibt es jährlich viele Gipfelgespräche, ein Großereignis jagt das andere.

Dabei wird wie ein Refrain wiederholt, dass es bei diesen Treffen um große Entscheidungen und Weichenstellungen für die Zukunft geht. Gleichzeitig spüren wir, dass oft nichts weitergeht und die wahren Entscheidungen aufgrund von persönlichen Freundschaften oder Feindschaften der Spitzenpolitiker getroffen werden.

Die Begegnung zwischen Maria und dem Engel Gabriel kann man im Gegensatz dazu sicher als ein gelungenes Gipfelgespräch bezeichnen, das wahrhaft große Weichen für die Zukunft stellt. Gott schickt einen Engel und handelt im Hintergrund. Das schlichte Mädchen Maria antwortet stellvertretend für die Menschheit und geht auf Gott zu. Wir dürfen über den Mut dieses Mädchens staunen. Wenn wir bedenken, was sie mit diesem Ja alles riskiert hat, steigt meine Hochachtung.

Das Gipfelgespräch zwischen Maria und dem Engel ist neben dem inhaltlichen Ergebnis auch ein gelebtes Beispiel für wichtige Kommunikationsregeln. Wer diese als Wegweiser beachtet, begibt sich auf den richtigen Weg.

Wegweiser 1: Aufmerksamkeit

Der Engel grüßt Maria mit den Worten „Sei gegrüßt, du Begnadete, der Herr ist mit dir." Diese Worte sind mehr als eine Floskel oder ein Platzfüller, um den Redefluss in Schwung zu bringen. Sie zeugen von Hochachtung und Respekt. Maria erschrickt über die Anrede und überlegt, was dieser Gruß zu bedeuten hat. Der einfühlsame Engel spürt die Verunsicherung bei Maria. Er geht mit den Worten „Fürchte dich nicht, Maria" behutsam darauf ein und greift ihr Nachdenken auf. Wem tut es nicht wohl, in so einer Situation mit dem Namen angesprochen zu werden! Das gibt Sicherheit und Vertrauen, Würde und Hochachtung.

Leider gibt es auch ganz andere Situationen: Jemand will etwas sagen, aber hat keine Chance. Jemand winkt mir auf der Straße zu, aber ich sehe nur die Schaufenster oder bin mit mir und meinem Handy beschäftigt. Ich bin äußerlich und innerlich so unruhig, dass das Gespräch verschoben wird, wohl nicht nur auf später einmal, sondern für immer. Ich erschrecke oft, wie viel Furcht und Angst sogar bei ganz alltäglichen Gesprächen im Spiel ist und zu vielen Missverständnissen und Blockaden führt. Angst ist bekanntlich ein schlechter Ratgeber und verhindert, richtig zu hören. Wie oft sind wir unfähig, die eigene Unsicherheit und die der anderen wahrzunehmen und aufzufangen? Dabei wäre gerade dies so wohltuend und entlastend.

Wegweiser 2: Direkt nachfragen

Der Bibeltext gibt uns keine Information, warum der Engel Gottes ausgerechnet zu Maria kommt. Es wird in der Bibel weder gesagt, dass sie besonders fromm, hilfsbereit oder schön war, noch dass sie aus vornehmem Hause stammte. Nein, sie wird uns als normale junge Frau vorgestellt, die ihre Lebenspläne schmiedet und sich auf die Hochzeit mit ihrem Verlobten Josef vorbereitet. Wie aus heiterem Himmel wird sie durch die Botschaft des Engels mit einer völlig unerwarteten Aufgabe konfrontiert. Zum Glück hat Maria den Mut und die Natürlichkeit, ganz schlicht und einfach zu fragen, wie das geschehen soll. Sie bleibt nicht bei der Unsicherheit und bei Vermutungen oder Spekulationen.

Viele von uns haben es sich abgewöhnt, bei Unsicherheiten klärend nachzufragen. Wenn sie den Namen des Gegenübers vergessen haben, reden sie herum, vielleicht fällt er ihnen dann ja ein oder ein anderer Gesprächspartner spricht den Namen aus. Wenn sie etwas nicht verstehen, tun sie trotzdem so, als ob alles klar wäre. Kein Wunder, dass sich dabei oft Missverständnisse ergeben.

Ich habe den Eindruck, dass ganz viele Gespräche allein deswegen scheitern, weil nicht oder zu wenig nachgefragt wird. Es ist wahrlich eine Kunst, genau nachzufragen und etwas so auszumachen, dass nachher alle das Gleiche meinen.

Wegweiser 3: Nächste Schritte klar vereinbaren

Natürlich hätte Maria viele gute Gründe gehabt, nein zu sagen: „Ich bin zu jung. Ich kann das nicht. Frag doch andere Frauen. Josef ist dagegen. Ich möchte zehn Jahre Bedenkzeit und viele Absicherungen, dass alles gut geht." Sie tut es nicht, sondern hat nach kurzer Klärung den Mut, sofort zu handeln und ohne Wenn und Aber Ja zu sagen. Ihre Antwort „Mir geschehe, wie du gesagt hast" ist treffend formuliert. Darin kommt einerseits zum Ausdruck, dass sie aus freiem Willen und überzeugt Ja sagt. Andererseits zeigt sich darin auch, dass sie bei den kommenden Schritten nicht alles aktiv gestalten kann, sondern dass vieles einfach ohne ihr Zutun geschieht.

Viele sogenannten Gipfelgespräche versanden in Dokumenten mit tausend Seiten. In der Fülle der Worte wird oft kaum etwas Konkretes ausgemacht oder sogar beim Abfassen der Dokumente schon eingeplant, dass die Abmachungen lediglich auf dem geduldigen Papier stehen.

Ich sage oft zu Jugendlichen: Unsere Welt braucht Menschen, die Ja sagen und sich nicht immer drücken und nur besser wissen, was die anderen falsch machen. Wer seinen Blick nur auf die Probleme richtet, wird in unserer komplizierten Welt immer Erschwernisse sehen und aus diesem Teufelskreis nicht herauskommen. Wer lösungsorientiert denkt, wird zu Recht bescheiden bleiben, aber Türen öffnen, um den nächsten Schritt zu gehen. In einem zukunftsorientierten Leben geht es darum, lösungsorientiert statt problemfixiert zu denken. Unsere Welt braucht Menschen, die wie Maria einen Schritt wagen. Was wäre geworden, wenn Maria nur die Probleme gesehen hätte und in der Zukunftsangst stehen geblieben wäre?

Gespräch zwischen Maria und Elisabet

Nach einigen Tagen machte sich Maria auf den Weg und eilte in eine Stadt im Bergland von Judäa. Sie ging in das Haus des Zacharias und begrüßte Elisabet. Als Elisabet den Gruß Marias hörte, hüpfte das Kind in ihrem Leib. Da wurde Elisabet vom Heiligen Geist erfüllt und rief mit lauter Stimme: Gesegnet bist du mehr als alle anderen Frauen, und gesegnet ist die Frucht deines Leibes. Wer bin ich, dass die Mutter meines Herrn zu mir kommt? In dem Augenblick, als ich deinen Gruß hörte, hüpfte das Kind vor Freude in meinem Leib. Selig ist die, die geglaubt hat, dass sich erfüllt, was der Herr ihr sagen ließ.

Da sagte Maria: Meine Seele preist die Größe des Herrn, und mein Geist jubelt über Gott, meinen Retter. Denn auf die Niedrigkeit seiner Magd hat er geschaut. Siehe, von nun an preisen mich selig alle Geschlechter. Denn der Mächtige hat Großes an mir getan, und sein Name ist heilig. Er erbarmt sich von Geschlecht zu Geschlecht über alle, die ihn fürchten. Er vollbringt mit seinem Arm machtvolle Taten: Er zerstreut, die im Herzen voll Hochmut sind; er stürzt die Mächtigen vom Thron und erhöht die Niedrigen. Die Hungernden beschenkt er mit seinen Gaben und lässt die Reichen leer ausgehen. Er nimmt sich seines Knechtes Israel an und denkt an sein Erbarmen, das er unsern Vätern verheißen hat, Abraham und seinen Nachkommen auf ewig. Und Maria blieb etwa drei Monate bei ihr; dann kehrte sie nach Hause zurück.

Lukas 1,39–56

Eine engagierte Frau kommentierte diese Begegnung zwischen Maria und Elisabet mit den Worten: „Die Bibel hört oft im interessantesten Moment auf. Mich interessiert, wie es mit Maria und Elisabet weiterging. Was haben die beiden miteinander geredet? Wenn Maria drei Monate bei Elisabet war, blieb sie dort bis zur Geburt von Johannes? War Maria womöglich bei der Geburt von Johannes dabei? Hat sie Elisabet am Wochenbett betreut?" Die Antworten auf all diese Fragen wissen wir nicht. Was wir aber aus den wenigen Zeilen des Lukasevangeliums sofort herausspüren, ist die Beobachtung, dass die Begegnung zwischen Maria und Elisabet viele Türen geöffnet hat. Maria tritt nicht nur in Elisabets Haus ein, sondern auch in ihr Herz.

Wegweiser 4: Nicht alles herumtratschen

Die Begegnung der beiden Frauen zeigt sowohl Aufrichtigkeit und Freimut als auch Vertrauenswürdigkeit und Verschwiegenheit. Maria hat dabei wohl die Sorgen rings um ihre unerwartete Schwangerschaft oder die Zukunft mit Josef formuliert. Es wäre sicher nicht in ihrem Interesse gewesen, wenn Elisabet alles weitererzählt hätte. Und Elisabet

– wäre sie glücklich gewesen, wenn Maria all das ihr Anvertraute sofort am Brunnen den anderen Frauen erzählt hätte? Sicher nicht! Nicht alles, was wir sagen, ist für alle Ohren oder fürs Internet bestimmt. Es braucht die intime Atmosphäre und den geschützten Rahmen von Freundschaft und Verschwiegenheit.

Wegweiser 5: Achtung voreinander

„Die junge Maria ist schwanger: Von wem, weiß man nicht, ihr Verlobter jedenfalls ist es nicht!" „Muss diese alte Elisabet noch ein Kind bekommen! Das ist ja unverantwortlich!" Vielleicht haben sich die beiden Frauen gegenseitig erzählt, dass es solche Gerüchte gibt und diese sehr belastend sind. Aber genau hier ist der Unterschied: Sie haben sich die Sorgen gegenseitig erzählt und nicht als Vorwürfe wie einen nassen Waschlappen ins Gesicht geschleudert.

Achtung voreinander bedeutet nicht, das Unangenehme zu verschweigen, sondern auf das, was jemand sagt und wohl auch nicht sagt, genau hinzuhören. Mit folgender Geschichte will ich das verdeutlichen:

Ein Mann, dessen Ehe nicht so gut ging, fragte einen Meister um Rat. Dieser sagte ihm: „Lerne deiner Frau zuzuhören!" Nach einem Monat kam der Mann zurück und sagte: „Ich habe gelernt, auf jedes Wort von ihr zu hören. Aber die Ehe ist immer noch schlecht." Da sagte der Meister mit einem Lächeln: „Nun höre auch auf jedes Wort, das deine Frau nicht sagt."

„Als Elisabet den Gruß Marias hörte, hüpfte das Kind in ihrem Leib." Klarer kann nicht aufgezeigt werden, dass zwischen beiden Frauen eine Atmosphäre der Hochachtung und Leichtigkeit herrscht. Unser Körper zeigt oft am besten und schnellsten, was los ist. Wenn ich bei einem Menschen verkrampft und gehemmt reagiere, dann stimmt etwas nicht zwischen uns. Wenn ich locker und freudig bin, ist es ein gutes Zeichen für die Beziehung. Auch die Tatsache, dass es vielen bei gewissen Menschen die Stimme verschlägt oder das Atmen schwerer fällt, drückt eine Menge aus. Kann ich jemandem in die Augen schauen oder weichen meine Blicke wie ferngesteuert jedem Blickkontakt aus?

Wegweiser 6: Richtiges Maß an Nähe und Distanz

Trotz aller Nähe beachten Maria und Elisabet die Grenzen ihrer Freundschaft und Begleitung. Maria bleibt nicht für immer bei Elisabet, sondern kehrt nach drei Monaten wieder nach Hause zurück. Elisabet fühlt sich nicht verpflichtet, aus ewiger Dankbarkeit für die junge Maria sorgen zu müssen.

Viele Menschen beschäftigt die Frage, wo die Grenzen einer Freundschaft liegen oder wann die Verantwortung der Eltern für die Kinder und der Kinder für die alten Eltern aufhört: Was haben wir als Eltern falsch gemacht? Ich schäme mich für das, was meine Kinder jetzt tun. Muss ich mir das alles von meinen alten Eltern bieten lassen und mir ständig ein schlechtes Gewissen einreden lassen? Freundschaft und Verantwortung für andere haben immer Grenzen. Die letzte Verantwortung liegt bei jedem Menschen selbst.

Das Wort Gipfelgespräch wagt den Vergleich zwischen einem Gespräch und einem Gipfelerlebnis. Am Gipfel darf ich stolz sein, den Anstieg geschafft zu haben, ohne das

Wissen zu verdrängen, bald wieder ins alltägliche Tal hinunter zu müssen. Zum Gipfel gehören der Blick in die weite Landschaft hinein und auch die Wolken, die plötzlich aufziehen und unberechenbar werden. Viele Menschen drücken in der Höhe ganz selbstverständlich ihre Dankbarkeit und Freude aus und stimmen in ein Loblied an den Schöpfergott ein.

Auch Gipfelgespräche können manchmal einem langen und schwierigen Aufstieg gleichen. Es braucht dabei viel Ausdauer, oft geht es langsam und nur Schritt für Schritt vorwärts. Gerade an den Kreuzungen sind dann die Wegweiser so wichtig. Sie motivieren zum Weitergehen und helfen, dass wir nicht falsche Wege einschlagen. Umso befreiender ist dann das Erreichen des Gipfels. Gipfelerlebnisse sind nicht nur Glanzstunden der Erinnerung, sondern geben auch Kraft, weitere Anstiege zu wagen. Kein Wunder, dass Maria nach der Begegnung mit Elisabet in den Lobpreis Gottes einstimmt: „Meine Seele preist die Größe des Herrn und mein Geist jubelt über Gott, meinen Retter."

Das besondere Wort

Angelusgebet
Der Engel des Herrn brachte Maria die Botschaft,
und sie empfing vom Heiligen Geist.
Gegrüßet seist du, Maria ...
Maria sprach: siehe, ich bin die Magd des Herrn;
mir geschehe nach deinem Wort.
Gegrüßet seist du, Maria ...
Und das Wort ist Fleisch geworden und hat unter uns
gewohnt.
Gegrüßet seist du, Maria ...

Bitte für uns, heilige Gottesmutter, dass wir würdig werden der Verheißung Christi.
Lasset uns beten: Allmächtiger Gott, gieße deine Gnade in unsere Herzen ein. Durch die Botschaft des Engels haben wir die Menschwerdung Christi, deines Sohnes, erkannt. Lass uns durch sein Leiden und Kreuz zur Herrlichkeit der Auferstehung gelangen. Darum bitten wir durch Christus, unseren Herrn. Amen.

Mit der Bergpredigt das Übel an der Wurzel packen

Endlich einer, der sagt: „Selig die Armen!"
und nicht: Wer Geld hat, ist glücklich!
Endlich einer, der sagt: „Liebe deine Feinde!"
und nicht: Nieder mit den Konkurrenten!
Endlich einer, der sagt: „Selig, wenn man euch verfolgt!"
und nicht: Passt euch jeder Lage an!
Endlich einer, der sagt: „Der erste soll der Diener aller sein!"
und nicht: Zeige, wer du bist!
Endlich einer, der sagt: „Was nützt es dem Menschen, wenn er die ganze Welt gewinnt!"
und nicht: Hauptsache vorwärts kommen!
Endlich einer, der sagt: „Wer an mich glaubt,
wird leben in Ewigkeit!"
und nicht: Was tot ist, ist tot![3]

Ich habe vor Jahren diesen Text von Martin Gutl mit sechzehnjährigen Schülern besprochen. Der Text ist in Anlehnung an die großen Seligpreisungen Jesu formuliert. Die Antworten der Jugendlichen auf die Frage, was sie zu die-

---

[3] Josef Dirnbeck, Martin Gutl, Ich begann zu beten. Texte für Meditation und Gottesdienst, Graz–Wien–Köln 2. Auflage 1974, 44.

sem Text denken, waren eindeutig: „Wer so handelt, kommt im Leben und in der Wirtschaft ganz sicher unter die Räder." „Nach diesen Grundsätzen ohne Nachteile zu leben geht nur dann, wenn sich alle Beteiligten daran halten." „Leben nach den Seligpreisungen und der Bergpredigt ist weltfremd." „Als Christ hat man es einfach schwerer, zumindest in manchen Berufen." Am Ende der verschiedenen Wortmeldungen kam auch der Gedanke: „Menschen, die so leben, sind irgendwie zu bewundern. Sie gehen ehrlich ihren Weg und machen sich nicht von allem Möglichen abhängig."

Inzwischen habe ich den Text auch bei Segnungen von Geldinstituten oder bei politischen Diskussionen verwendet. Die Rückmeldung, dass Ehrlichkeit und Wahrheit nicht nur große moralische Werte sind, sondern auch ganz handfeste Vorteile bringen, nimmt in den letzten Jahren zu. Wer ehrlich ist, macht sich nicht abhängig und muss nicht ständig Angst haben, aufzufliegen. Ein Anwalt meinte, wenn er bei den vielen unmoralischen Angeboten, die er immer wieder bekomme, nur den kleinen Finger hinhielte, dann wäre er bald mit der ganzen Hand gefangen. Wohl auch aufgrund der vielen aufgedeckten Skandale der letzten Jahre spüren wir, dass Lügen und unredliche Seilschaften eine tickende Bombe sind und auch nach Jahrzehnten ein inzwischen ehrliches Lebenswerk zerstören können. „Wer Schätze erwirbt mit verlogener Zunge, jagt nach dem Wind, er gerät in die Schlingen des Todes", heißt es bereits im Buch der Sprichwörter.

All das zeigt, dass die Frage nach Wahrheit und Solidarität alle Bereiche dieser Welt betrifft und nicht nur ein Eliteprogramm für wenige Auserwählte darstellt. Die zweitausend Jahre alte Bergpredigt beschäftigt sich nicht mit Hochleistungssport, sondern mit dem ganz konkreten Alltag. Wie kann mein Leben gelingen, was ist mir wirklich wichtig?

Trotz und auch gerade aufgrund dieser eindeutigen Erkenntnis bleibt die zentrale Frage, wie und ob wir überhaupt nach den Ansprüchen der Bergpredigt leben können. Im Laufe der Geschichte wurden verschiedene Antworten darauf versucht. Die meisten überzeugen mich nicht: Ich glaube nicht, dass die Bergpredigt nur für einige besondere Christen gilt. Wie wäre sonst der Hinweis zu verstehen, dass große Scharen von Menschen bei der Bergpredigt anwesend und am Ende sehr betroffen waren. Der Lösungsversuch, dass die Bergpredigt nur für den privaten Bereich, nicht aber für die Politik oder Wirtschaft verbindlich ist, vergisst, dass Jesus das Leben nie in die Bereiche privat und öffentlich einteilt. Der Hinweis, dass die Bergpredigt eine Gesinnungsethik vertritt, stimmt insofern, als Jesus die wahren Gründe unseres Handelns im Blick hat. Allerdings bleibt er nicht bei der Gesinnung stehen. Allein in der Bergpredigt wird neunmal zum aktiven Tun aufgefordert. Ein anderer Erklärungsversuch meint, die Bergpredigt sei absichtlich so gefasst, dass sie für uns Menschen unerfüllbar sei. Damit soll dem Menschen seine Sündhaftigkeit gezeigt werden. Dieser Argumentation widerspricht die Haltung Jesu, die Menschen positiv zu motivieren und ihre Talente aufzuzeigen. Die Erkenntnis, dass Jesus die Bergpredigt zu hundert Prozent lebt und somit nicht nur der Prediger, sondern sogar „die Predigt ist", zeigt seine Echtheit und Authentizität auf. Daraus abzuleiten, dass die Bergpredigt nur für Jesus gilt, wäre der falsche Schluss. Eine wörtliche Befolgung der Worte vom Ausreißen der eigenen Augen oder Abhacken der eigenen Hände würde die christlichen Kirchen sehr schnell in ein Invalidenhaus verwandeln. Dieser Lösungsvorschlag ist sicher nicht im Sinne Jesu.

Ohne den Anspruch auf Antworten auf die großen Fragen zur Bergpredigt zu erheben, möchte ich deshalb genauer schauen, wie die Worte der Bergpredigt unser Handeln zu begründen und vor allem zu motivieren versuchen. Allein die Begründung „Du musst so handeln" oder „Das ist einfach so" reicht nicht aus, um auf dem Weg der Bergpredigt zu bleiben und die Freiheit des Reiches Gottes zu atmen. Die Zehn Gebote sind grenzgebende Gebote, die Bergpredigt ist zielgebendes Gebot, betonte schon Bischof Paulus Rusch vor vielen Jahrzehnten. Für mich ist die Bergpredigt wie ein Sternenhimmel: Man kann sich an den Sternen orientieren, aber man erreicht sie nie.

Stern 1: Seligpreisungen als Eingangsportal zur Bergpredigt

Als Jesus die vielen Menschen sah, stieg er auf einen Berg. Er setzte sich, und seine Jünger traten zu ihm. Dann begann er zu reden und lehrte sie. Er sagte:
Selig, die arm sind vor Gott; denn ihnen gehört das Himmelreich.
Selig die Trauernden; denn sie werden getröstet werden. Selig, die keine Gewalt anwenden; denn sie werden das Land erben.
Selig, die hungern und dürsten nach der Gerechtigkeit; denn sie werden satt werden.
Selig die Barmherzigen; denn sie werden Erbarmen finden.
Selig, die ein reines Herz haben; denn sie werden Gott schauen.
Selig, die Frieden stiften; denn sie werden Söhne Gottes genannt werden.
Selig, die um der Gerechtigkeit willen verfolgt werden; denn ihnen gehört das Himmelreich.
Selig seid ihr, wenn ihr um meinetwillen beschimpft und verfolgt

das Übel an der Wurzel packen

und auf alle mögliche Weise verleumdet werdet. Freut euch und jubelt: Euer Lohn im Himmel wird groß sein. Denn so wurden schon vor euch die Propheten verfolgt.
Ihr seid das Salz der Erde. Wenn das Salz seinen Geschmack verliert, womit kann man es wieder salzig machen? Es taugt zu nichts mehr; es wird weggeworfen und von den Leuten zertreten.
Ihr seid das Licht der Welt. Eine Stadt, die auf einem Berg liegt, kann nicht verborgen bleiben.
Man zündet auch nicht ein Licht an und stülpt ein Gefäß darüber, sondern man stellt es auf den Leuchter; dann leuchtet es allen im Haus. So soll euer Licht vor den Menschen leuchten, damit sie eure guten Werke sehen und euren Vater im Himmel preisen.

Matthäus 5,1–16

Die Bergpredigt beginnt mit den Seligpreisungen. Diese sind nicht Hochleistungsgebote für Spitzenchristen, sondern Zusagen Gottes. Die acht Seligpreisungen sind gleichmäßig aufgebaut: Der erste Teil der Sätze beginnt immer mit der Zusage „selig" und nennt dann eine Haltung oder Eigenschaft von Menschen. Der zweite Teil beschreibt immer ein aktives Handelns Gottes, auch wenn es meist im *passivum divinum* formuliert ist, um den Namen Gottes nicht aussprechen zu müssen. Der erste Teil der Sätze ist wichtig, aber entscheidender sind die Zusagen Gottes im zweiten Teil. Sie sind wie ein großes Eingangsportal ins Reich Gottes, bei dem die einzelnen Seligpreisungen wie acht Säulen in die Welt hineinleuchten. Diese Säulen werden niemals einstürzen, weil sie auf dem stabilen Fundament Gottes aufliegen.

In der Bergpredigt folgen auf die Seligpreisungen sofort weitere Zusagen, dass wir Licht der Welt und Salz der Erde sind. Es ist ein großer Unterschied, ob es heißt „Ihr seid das Licht der Welt" oder „Ihr sollt das Licht der Welt und Salz der Erde sein". Der große Menschenkenner Jesus weiß, dass wir Menschen eher durch positive Bestätigungen zu motivieren sind als durch Schimpfen und Drohungen. Kein Wunder, dass am Ende der Bergpredigt auch die Goldene Regel positiv formuliert ist: „Alles, was ihr also von anderen erwartet, das tut auch ihnen" (Matthäus 7,12). Diese Regel wurde merkwürdigerweise im Volksmund auf „Was du nicht willst, dass man dir tu, das füg auch keinem anderen zu" umgeändert.

Stern 2: Das Vaterunser als Mitte der Bergpredigt

Wenn ihr betet, macht es nicht wie die Heuchler. Sie stellen sich beim Gebet gern in die Synagogen und an die Straßenecken, damit sie von den Leuten gesehen werden. Amen, das sage ich euch: Sie haben ihren Lohn bereits erhalten. Du aber geh in deine Kammer, wenn du betest, und schließ die Tür zu; dann bete zu deinem Vater, der im Verborgenen ist. Dein Vater, der auch das Verborgene sieht, wird es dir vergelten. Wenn ihr betet, sollt ihr nicht plappern wie die Heiden, die meinen, sie werden nur erhört, wenn sie viele Worte machen. Macht es nicht wie sie; denn euer Vater weiß, was ihr braucht, noch ehe ihr ihn bittet. So sollt ihr beten: Unser Vater im Himmel, dein Name werde geheiligt, dein Reich komme, dein Wille geschehe wie im Himmel, so auf der Erde. Gib uns heute das Brot, das wir brauchen. Und erlass uns unsere Schulden, wie auch wir sie unseren Schuldnern erlassen haben. Und führe uns nicht in Versuchung, sondern rette uns vor dem Bösen. Denn wenn ihr den Menschen ihre Verfehlungen vergebt, dann wird euer himmlischer Vater auch euch vergeben. Wenn ihr aber den

Menschen nicht vergebt, dann wird euch euer Vater eure Verfehlungen auch nicht vergeben.
Matthäus 6,5–15

Die Bergpredigt Matthäus 5–7 ist kunstvoll aufgebaut. Sie gleicht einer Zwiebel in mehreren Ringen. An der äußersten Zwiebelschale finden sich Informationen über Ort und Zuhörer. Viele Menschen hören die Predigt und sind davon sehr ergriffen. Die zweite Außenschale bildet am Beginn die Zusagen der Seligpreisungen und am Ende die Aufforderungen zu einer bewussten Entscheidung. Im großen Hauptteil der Bergpredigt geht es um das Reich Gottes mit seiner überfließenden Gerechtigkeit. Das Vaterunser stellt die zentrale Mitte dar. Diese Tatsache ist nicht Zufall, sondern Programm und Botschaft. Das Vaterunser bildet nicht nur den innersten Kern, sondern ist auch von der Länge der Bergpredigt her genau in der Mitte. Diese Zentrierung wird noch durch die Tatsache unterstrichen, dass das zentrale Wort Vater in der Bergpredigt fünfzehnmal vorkommt, jeweils fünfmal vor, fünfmal nach und fünfmal im innersten Abschnitt Matthäus 6,5–15.

Ich bin von diesem Aufbau begeistert. Besser kann man wohl nicht ausdrücken, dass nur jener Mensch die Freiheit und den Mut der Bergpredigt atmen kann, der aus dem Geist des Vaterunsers heraus lebt. Wer die Wertschätzung durch Gottvater erfahren hat und die Kraft des Vaterunsers spürt, ist zu den großen Entscheidungen des Lebens fähig. „Wer sich an der Barmherzigkeit des himmlischen Vaters zu orientieren vermag, wer die Erfahrungen der vorbehaltlosen Annahme durch Gott, durch Jesus, durch einen Menschen machen durfte, der kann so auch mit anderen umgehen, der braucht nicht auf Gewalt mit Gewalt und auf Lüge mit Lüge zu reagieren. Er getraut sich, im Vertrauen auf den himmlischen Vater dem Bösen anders entgegenzutreten – auch wenn das nicht immer leicht ist."[4]

Stern 3: Dynamik der Bergpredigt

Wer diese meine Worte hört und danach handelt, ist wie ein kluger Mann, der sein Haus auf Fels baute. Als nun ein Wolkenbruch kam und die Wassermassen heranfluteten, als die Stürme tobten und an dem Haus rüttelten, da stürzte es nicht ein; denn es war auf Fels gebaut. Wer aber meine Worte hört und nicht danach handelt, ist wie ein unvernünftiger Mann, der sein Haus auf Sand baute. Als nun ein Wolkenbruch kam und die Wassermassen heranfluteten, als die Stürme tobten und an dem Haus rüttelten, da stürzte es ein und wurde völlig zerstört.

Matthäus 7,24–27

Nicht nur das Eingangsportal und das Vaterunser als Mitte der Bergpredigt, sondern ihr gesamter Aufbau will uns mit hilfreichen Handlungsschritten motivieren. Auf das positive Einstiegsszenario der Zusagen Gottes in den Seligpreisungen folgt die Aufforderung, realistisch die Übel dieser Welt zu sehen und an der Wurzel zu heilen (Matthäus 5,21–48). Fasten, Beten und Almosengeben (Matthäus 6,1–18) wollen dabei nicht eine Zusatzbelastung sein, sondern als klärende Hilfe dienen. Wer sich nur um sich selber dreht, verliert den Blick für das Wunder der Welt und für Gott. Anschließend zeigt die Bergpredigt ein neues befreites Verhältnis zur Welt auf (Matthäus 6,19–7,11) und schildert darin die Chancen von Besitzlosigkeit, Sorglosigkeit und

---

[4] Dieter Bauer, in: Die Bergpredigt entdecken. Lese- und Arbeitsbuch zur Bergpredigt, Stuttgart 2000, 23.

Vertrauen. Die Beispiele sollen uns Menschen ermutigen, mitten in der Welt zu stehen, ohne abhängig zu werden. Bei den abschließenden Aufforderungen zur Entscheidung werden verschiedene Wege und ihre Konsequenzen aufgezeigt (Matthäus 7,13–27). Es geht um die Entscheidung, ob ich mein Lebenshaus auf Sand oder auf Fels bauen will. Ich finde diesen motivierenden Aufbau hilfreich, auch wenn anzunehmen ist, dass die Bergpredigt von Jesus kaum in dieser durchgestylten Form gehalten wurde. Der Bibeltext ist keine Mitschrift einer Ansprache Jesu, sondern die Zusammenfassung verschiedener Worte Jesu, die der Evangelist Matthäus konzipiert hat. Er hat sein ganzes Evangelium mit den fünf großen Reden Jesu strukturiert.

Die Dynamik der Bergpredigt lädt uns ein, in ihr Gebäude einzutreten und nicht nur die Fassade und das Portal zu bewundern. Christentum aus der Beobachterrolle gibt es nicht.

Selig der Mensch, der sich in die Dynamik der Bergpredigt hineinfallen lässt:
- Dieser Mensch weiß, dass er auf einem positiven Fundament aufbauen kann.
- Er steht mit beiden Füßen auch im zerrissenen Leben und verliert dabei weder den Boden unter den Füßen noch den hilfreichen Blick in die Höhe.
- Sein Handeln besteht nicht aus Zufallstreffern, sondern er weiß um seine Wurzeln und Konsequenzen.

Selig der Mensch, der weiß, dass all dies nur aus einer Mitte heraus gelingen kann.

Stern 4: Das Übel an der Wurzel packen statt Symptombehandlung

Ihr habt gehört, dass zu den Alten gesagt worden ist: Du sollst nicht töten; wer aber jemand tötet, soll dem Gericht verfallen sein. Ich aber sage euch: Jeder, der seinem Bruder auch nur zürnt, soll dem Gericht verfallen sein; und wer zu seinem Bruder sagt: Du Dummkopf!, soll dem Spruch des Hohen Rates verfallen sein; wer aber zu ihm sagt: Du (gottloser) Narr!, soll dem Feuer der Hölle verfallen sein. Wenn du deine Opfergabe zum Altar bringst und dir dabei einfällt, dass dein Bruder etwas gegen dich hat, so lass deine Gabe dort vor dem Altar liegen; geh und versöhne dich zuerst mit deinem Bruder, dann komm und opfere deine Gabe. Schließ ohne Zögern Frieden mit deinem Gegner, solange du mit ihm noch auf dem Weg zum Gericht bist. Sonst wird dich dein Gegner vor den Richter bringen, und der Richter wird dich dem Gerichtsdiener übergeben, und du wirst ins Gefängnis geworfen. Amen, das sage ich dir: Du kommst von dort nicht heraus, bis du den letzten Pfennig bezahlt hast.

Matthäus 5,21–26

In Matthäus 5,21–48 werden verschiedene Probleme des menschlichen Zusammenlebens angesprochen, die leider in unserer Welt Dauerthemen sind und viele Menschen an den Rand des Belastbaren führen. Wer muss sich nicht den Herausforderungen Streit und Versöhnung, Zerbrechen von Beziehungen, Unwahrhaftigkeit oder Rache und Umgang mit Feinden stellen? Wie kann es gelingen, mitten in der zerrissenen Welt und den eigenen zerstörerischen Anteilen so zu leben, dass ich nicht ständig von meiner Vergangenheit eingeholt werde, sondern versöhnende Schritte in die Zukunft setze? Ich bin überzeugt, dass die Bergpredigt dabei in mehrerlei Hinsicht eine Hilfe sein will. Sie ist kein frommes Beruhigungsmittel, sondern vielmehr eine „Aktivierungspille", um unsere eigenen Anteile zu sehen und den eigenen Auftrag nicht zu verschlafen.

Die Bibelworte Matthäus 5,21–48 gehören zu den umstrittensten Teilen der Bergpredigt und der gesamten Bibel. Viele Diskussionen drehen sich seit Jahrhunderten um die Frage, was mit den einzelnen Aussagen wirklich gemeint ist, ob manche Forderungen und Drohungen wortwörtlich zu verstehen sind oder ob Feindesliebe überhaupt möglich ist. Leider haben Formulierungen etwa vom „Augeausreißen und Handabhauen" (Matthäus 5,29–30) oder „Feuer der Hölle" (Matthäus 5,22) so manche menschenverachtende Maßnahme ausgelöst oder die Einstellung gefördert, dass im Christentum sowieso alles skurril und veraltet sei. Wer will schon mit solchen Denkmustern etwas zu tun haben?

Ohne diese Fragen zu verharmlosen, möchte ich den Blick auf die Beobachtung konzentrieren, dass in der Bergpredigt nicht allgemein über das Böse geredet wird, sondern vorwiegend die ersten Schritte zum Bösen aufgezeigt werden. Der Bibeltext betont, dass die ersten Handlungen oft eine Lawine lostreten, die sich nicht stoppen lässt und eine solche Macht bekommt, dass Menschen nicht mehr das tun, was sie für richtig empfinden und eigentlich auch wollen. Deshalb geht es darum, das Übel an der Wurzel zu packen und nicht bei den kleinen Symptombehandlungen zu bleiben. Das Anliegen, den Anfängen zu wehren, soll anhand von Streit und Versöhnung exemplarisch aufgezeigt werden.

„Du sollst nicht töten." Dieses Gebot gehört zu den Zehn Geboten vom Berg Sinai. Die weiterführenden Worte Jesu zeigen, dass Töten nicht erst beim Messerstich beginnt, sondern oft die Folge von vielen kleinen Sticheleien ist. Der

Zorn auf einen Menschen ist manchmal verständlich, kann aber auch eine lähmende und abtötende Eigendynamik bekommen. Schimpfworte werden allgemein als harmlos oder sogar als Psychohygiene abgetan. Was aber, wenn sie verachtende Grundhaltungen zementieren und eine grobe Sprache selbstverständlich wird?

Die Bergpredigt greift konkrete Situationen von Streit und Versöhnung auf: Es geht nicht, fleißig Opfergaben zum Altar zu bringen und zu Gott zu beten, aber mit den Mitmenschen im Streit zu sein. Das wird zu Recht als scheinheilig empfunden. So lädt Jesus ein, bei Streit den ersten Schritt zu setzen und in der bedrängenden Situation das regelmäßige Beten nicht aufzugeben. Das Beten kann Anlass und Hilfe zur Versöhnung werden. Ich kenne Menschen, die das Frühstück am Sonntag nützen, um Streit oder Entwürdigungen der vergangenen Woche zu klären, bevor sie gemeinsam zum Sonntagsgottesdienst gehen. Was für ein Reichtum, was für eine Lebenskultur! Selig der Mensch, der so mit anderen zusammenleben kann.

Haben es Christen schwerer?

Bei Diskussionen rings um die Bergpredigt wird immer wieder die Meinung geäußert, dass es Menschen im Leben schwerer haben, wenn sie den christlichen Glauben ernst nehmen. Ich kann und will diese Meinung aus inhaltlicher Überzeugung und aufgrund vieler Erlebnisse nicht teilen. Ich erlebe viele glückliche und traurige Momente, in denen der christliche Glaube ein starker, vielleicht sogar der einzige Halt im Leben ist. Die Meinung, dass Christsein zur allgemeinen Lebenslast noch eine neue Last ist, ist auf keinen Fall mein Lebensmotto.

Mag sein, dass ich kurzfristig der Blöde bin, wenn ich nicht in zweifelhafte Geschäfte einsteige und mich bemühe, ehrlich zu sein. Doch wer ständig in Angst lebt, dass seine Skandale aufgedeckt und sein Lebenswerk zerstört wird, kann nicht glücklich sein. Mag sein, dass ich mit Ellbogentechnik schneller vorwärts komme. Nur muss ich mich fragen: Wohin? Jedenfalls kann ich mir nicht vorstellen, dass ein Mensch am Ende seines Lebens sagt: „Ich habe zu viel geliebt. Ich war blöd, dass ich zu gut war." Nein, die Antwort wird vielmehr sein: „Ich bin so froh, dass ich ein liebender Mensch sein konnte und mithelfen konnte, dass es in der Welt etwas heller wird. Lieber einmal zu viel lieben als einmal zu wenig."

Das besondere Wort

Herr, mache mich zum Werkzeug deines Friedens:
dass ich dann, wenn ich etwas zu sagen habe,
mich einsetze für die Schwachen und Hilflosen;
dass ich dann, wenn ich Farbe bekennen muss,
auch zu meinem Wort stehe;
dass ich dann, wenn ich einen Fehler gemacht habe;
bereit bin, zu dem zu stehen, was ich getan habe.
dass ich dann, wenn ich Verzeihung erwarte,
auch selber bereit bin, uneingeschränkt zu verzeihen.

Autor unbekannt

Mit Markus Jesus Christus verkünden

Anfang des Evangeliums von Jesus Christus, dem Sohn Gottes: Es begann, wie es bei dem Propheten Jesaja steht: Ich sende meinen Boten vor dir her; er soll den Weg für dich bahnen. Eine Stimme ruft in der Wüste: Bereitet dem Herrn den Weg! Ebnet ihm die Straßen!

Markus 1,1–2

Stellen Sie sich vor, dass alle Bibeln verbrannt sind und es allein an Ihnen liegt, ein neues Evangelium zu schreiben und die wichtigsten Berichte über Jesus für die Nachwelt zu notieren. Wie würden Sie beginnen? Welche Ereignisse aus dem Leben Jesu würden Sie niederschreiben? Welche Bezeichnungen für Jesus würden Sie verwenden? Mit welchen Worten würden Sie das Evangelium beenden? Würden Sie mehrere Evangelien schreiben, ein kurzes, ein langes, eines für Kinder, eines für Insider und zusätzlich eines für Menschen, die noch nichts von Jesus wissen?

Ich habe schon einige Bibelseminare mit dieser Aufgabenstellung gestaltet. Die Gespräche führten immer zur Frage, was für die Teilnehmer und Teilnehmerinnen die wichtigsten Stellen aus der Bibel sind und wie wir am Beginn des dritten Jahrtausends klar, echt und überzeugend von Jesus Christus reden können. Bei solchen Diskussionen wurden mir oft die Grenzen unserer Sprache bewusst. Ich wurde im eigenen Reden über Gott und Jesus bescheiden und gleichzeitig dankbar, dass den vier Evangelisten vor bald 2000 Jahren Meisterwerke gelungen sind.

Der Evangelist Markus schreibt vermutlich das erste der vier Evangelien, wohl in den Jahren 70 bis 80 n. Chr. kurz nach der Zerstörung Jerusalems. Zu diesem Zeitpunkt stirbt die Generation der Augen- und Ohrenzeugen Jesu endgültig aus, schriftliche Berichte über Jesus werden damit umso wichtiger. Da Markus in seinem Werk weder seinen Namen noch eigene Lebensdaten erwähnt, wissen wir nichts Fixes über ihn. Ist er der Jerusalemer Judenchrist Johannes Markus, Neffe des Barnabas und Begleiter des Paulus auf der ersten Missionsreise (z. B. Apostelgeschichte 12,12.25; 15,37; Philemonbrief 24; Kolosserbrief 4,10)? Oder gehört er zum Kreis um Petrus, wie es uns Eusebius in seiner Kirchengeschichte als Aussage des Bischofs Papias von Hierapolis (120/130 n. Chr.) folgendermaßen überliefert: „Markus, zum Dolmetscher (*hermeneutes*) des Petrus geworden, schrieb alles, woran er sich erinnerte, sorgfältig auf, freilich nicht der Reihe nach, sowohl Worte als auch Taten des Herrn. Denn er hatte den Herrn weder gesehen, noch war er ihm nachgefolgt, sondern erst später, wie ich bereits sagte, dem Petrus."[5]

Markus ist davon überzeugt, dass Jesus der Christus (= Messias) und der Sohn Gottes ist. Aber wie diese Überzeugung formulieren, dass sie von vielen Menschen verstanden wird? Ich möchte am Beispiel des Markusevangeliums besonders der Frage nachgehen, wie Markus von Jesus

---

5 Zitat übernommen aus: Thomas Söding, Exegese und Predigt. Das Markus-Evangelium, Würzburg 2002, 20.

Christus redet und versucht, dessen Botschaft für andere zu buchstabieren.

Evangelium

Markus beginnt sein Evangelium mit den Worten „Anfang des Evangeliums von Jesus Christus, dem Sohn Gottes". Er ist überzeugt, dass seine Nachricht die beste Botschaft ist, und stellt sie wie ein großes Eingangsportal an den Beginn seines Werkes. Er verwendet dabei wohl ganz bewusst das griechische Wort Evangelium (*euangelion* = gute Botschaft), weil er darin die gute Nachricht schlechthin für die ganze Welt sieht. Er wählt das Wort als Weiterführung für frohe Botschaften, die schon im Alten Testament angekündigt wurden (z. B. Jesaja 61,1). Vermutlich spielt Markus mit dem Wort Evangelium auch auf die Werbepropaganda von Kaiser Vespasian (69–79 n. Chr.) an.[6] Nachdem dieser als erfolgreicher Militärgeneral im Orient von seinen Soldaten zum Kaiser ausgerufen und auch in Rom vom Senat bestätigt worden war, ließ er seine eigene Person im ganzen Römischen Reich als Retter und Erlöser darstellen. Die Werbung für den neuen Kaiser lief unter dem Stichwort „euangelion". Vespasian setzte hier auf die Tradition anderer römischer Kaiser, eine Geburt am Kaiserhof, einen Sieg über Feinde oder eine Heldentat des Kaisers als frohe Botschaft zu verkünden. Ohne ausdrückliche Seitenhiebe auf so manches leere Getue des Kaiserhauses betont Markus ganz schlicht und einfach, dass Jesus nicht nur die wahre frohe Botschaft verkündet, sondern in seiner Person sogar das fleischgewordene Evangelium darstellt.

---

6 Vgl. Martin Ebner, Das Markusevangelium und der Aufstieg der Flavier, in: Bibel und Kirche 2/2011, 64–69.

Dieses Evangelium darf uns nicht kaltlassen, es erfordert den Glauben und eine Entscheidung (Markus 8,35; 10,29). Das Evangelium ist keine Privatangelegenheit, sondern betrifft die ganze Welt und soll auch die ganze Welt erfüllen. „Geht hinaus in die ganze Welt und verkündet das Evangelium allen Geschöpfen!" (Markus 16,15). Allein an diesen wenigen Worten spüren wir: Da geht es nicht um irgendetwas, da geht es um alles, um Zukunft, um gelungenes Leben, um alle Völker und Kulturen. Nicht mehr und nicht weniger will Markus zum Ausdruck bringen.

Jesus als Christus und Sohn Gottes

Jesus ging mit seinen Jüngern in die Dörfer bei Casarea Philippi. Unterwegs fragte er die Jünger: Für wen halten mich die Menschen? Sie sagten zu ihm: Einige für Johannes den Täufer, andere für Elija, wieder andere für sonst einen von den Propheten. Da fragte er sie: Ihr aber, für wen haltet ihr mich? Simon Petrus antwortete ihm: Du bist der Messias! Doch er verbot ihnen, mit jemand über ihn zu sprechen.

Markus 8,27–30

Schon im Eingangssatz betont Markus, dass Jesus der Christus und Sohn Gottes ist. Für mich ist es spannend und hilfreich, wie und wo Markus in den kommenden sechzehn Kapiteln seines Werkes dieses große Geheimnis der Identität Jesu thematisiert. Es fällt auf, dass er trotz aller Selbstverständlichkeit, dass Jesus der Christus und Messias ist, ganz behutsam vorgeht und Aussagen über die Identität Jesu Schritt für Schritt entfaltet und erklärt.

Nur an wenigen Stellen wird ausdrücklich gesagt, dass Jesus der Sohn Gottes ist. Nach der Ankündigung am Beginn (Markus 1,1) wird diese Wahrheit erst am Ende des Evangeliums, nachdem der ganze Lebensbogen Jesu bis hin zum Tod bekannt ist, von einem Menschen wortwörtlich bezeugt: „Wahrhaftig, dieser Mensch war Gottes Sohn!" (Markus 15,39), sagt der römische Hauptmann nach dem Tod Jesu. Auffällig, dass ausgerechnet ein Ausländer dieses große Bekenntnis ablegt. Vorher bringt nur die übermenschliche Stimme Gottes die Gottessohnschaft Jesu eindeutig zum Ausdruck: „Du bist mein geliebter Sohn, an dir habe ich Gefallen gefunden", sagt die Stimme aus dem Himmel bei der Taufe Jesu (Markus 1,11). Auch am Berg der Verklärung erschallen ähnliche Worte Gottes: „Das ist mein geliebter Sohn; auf ihn sollt ihr hören" (Markus 9,7). Merkwürdigerweise erkennen die Dämonen im Gegensatz zu vielen Gelehrten schon bei den ersten Begegnungen mit Jesus, wer dieser ist. Sie sprechen ihn als „der Heilige Gottes" (Markus 1,24), „Sohn Gottes" (Markus 3,11) und „Jesus, Sohn des höchsten Gottes" (Markus 5,7) an.

Auch bei der Bezeichnung Christus (= Messias) spannt Markus einen vorsichtigen Bogen vom Anfang über die Mitte bis hin zum Ende seines Evangeliums. Mitten im Evangelium an der Scharnierstelle, bevor Jesus bewusst nach Jerusalem aufbricht, fragt er seine Jünger, was die Menschen von ihm halten. Petrus zählt Vergleiche mit Elija und Johannes auf und formuliert mit den Worten „Du bist der Messias" seine Überzeugung. Diese Worte zeigen eine Deutlichkeit, die wie ein Stern aufleuchtet, dann aber wieder schwächer wird. Erst beim Prozess Jesu gegen Ende des Evangeliums wird das Thema wieder brennend: „Bist du der Messias, der Sohn des Hochgelobten?" (Markus 14,61), fragt der Hohepriester.

Warum geht Markus mit Titeln für Jesus vorsichtig um und verwendet sie erst gegen Ende seines Werkes? Es ist nicht die Unsicherheit, ob Jesus wirklich so wichtig und einzigartig ist, sondern ganz im Gegenteil: Markus spürt, dass wir die Größe Jesu kaum in Worte fassen können und dass mit Titeln allein manches falsch verstanden werden kann. Wer Jesus ist, kann erst im Gesamtblick auf sein Leben, Sterben und Auferstehen erahnt werden. So verbietet Jesus bei zwei Heilungen den Dämonen, die seine Identität haarscharf erkennen, über ihn zu reden. Das würde in diesem Moment nur Missverständnisse auslösen und Jesu Gottessohnschaft auf Wundertätigkeit reduzieren. Die Abschlussworte nach der Verklärung bringen Jesu Anliegen sehr gut zum Ausdruck: „Während sie den Berg hinabstiegen, verbot er ihnen, irgendjemand zu erzählen, was sie gesehen hatten, bis der Menschensohn von den Toten auferstanden sei" (Markus 9,9). Nicht deswegen, weil es nicht stimmt, sollen die Jünger zunächst schweigen, sondern deswegen, weil es jetzt noch niemand verstehen kann.

Was heißt das für unser Reden über Jesus und Gott? Ich habe den Eindruck, dass wir Christen oft sehr schnell und unüberlegt über Gott und Jesus reden. Unsere Worte wirken damit manchmal unverständlich oder sogar leer. „Typisch Kirche!", denken sich dabei viele Menschen. Markus zeigt, wie wir in immer neuen Anläufen und aus verschiedenen Zusammenhängen heraus von Jesus reden können. Auf jeden Fall soll es dabei um den ganzen Jesus von der Geburt bis zur Auferstehung gehen. Jesus ohne vollständiger Menschwerdung ist nicht Jesus. Jesus ohne frohe Botschaft ist nicht Jesus. Jesus ohne Karfreitag ist nicht Jesus. Jesus ohne Auferstehung ist nicht einmal der halbe Jesus. Gekreuzigt wurden viele, aber auferstanden ist nur einer.

Leiter zu Jesus Christus

Sechs Tage danach nahm Jesus Petrus, Jakobus und Johannes beiseite und führte sie auf einen hohen Berg, aber nur sie allein. Und er wurde vor ihren Augen verwandelt; seine Kleider wurden strahlend weiß, so weiß, wie sie auf Erden kein Bleicher machen kann. Da erschien vor ihren Augen Elija und mit ihm Mose, und sie redeten mit Jesus. Petrus sagte zu Jesus: Rabbi, es ist gut, dass wir hier sind. Wir wollen drei Hütten bauen, eine für dich, eine für Mose und eine für Elija. Er wusste nämlich nicht, was er sagen sollte; denn sie waren vor Furcht ganz benommen. Da kam eine Wolke und warf ihren Schatten auf sie, und aus der Wolke rief eine Stimme: Das ist mein geliebter Sohn; auf ihn sollt ihr hören. Als sie dann um sich blickten, sahen sie auf einmal niemand mehr bei sich außer Jesus. Während sie den Berg hinabstiegen, verbot er ihnen, irgendjemand zu erzählen, was sie gesehen hatten, bis der Menschensohn von den Toten auferstanden sei. Dieses Wort beschäftigte sie, und sie fragten einander, was das sei: von den Toten auferstehen.

Markus 9,2–10

Die Art, wie der Evangelist Markus Jesus als Christus und Sohn Gottes einführt, lässt sich mit dem Hinaufsteigen auf eine Leiter vergleichen. Markus reicht uns diese Leiter zu Jesus Christus und lädt ein, Stufe für Stufe hinaufzusteigen und dann die große Weite des Glaubens zu erleben.

Damit die Leiter nicht umstürzt, braucht sie einen fixen Halt am Boden. Das stabile Fundament für die Jesusleiter ist die Tatsache, dass Jesus vor 2000 Jahren in Palästina gelebt hat. Er ist keine Erfindung der Theologen, kein Märchen und keine vertröstende Geschichte für dumme Leute, die das Leben allein nicht schaffen. Nein, die Tatsache seines Lebens ist Realität. Dies zu verneinen würde bedeuten, die Leiter gar nicht aufzustellen.

Wir steigen die Leiter eine Sprosse hinauf und sehen, dass Jesus große Spuren hinterlassen hat. Hier befindet er sich auf der Stufe mit großen geschichtlichen Persönlichkeiten wie Alexander dem Großen, Kaiser Augustus, Kaiser Maximilian, Mahatma Gandhi, Kolumbus und vielen anderen mächtigen Herrschern oder klugen Erfindern. Diese Stufe drückt schon viel über die Bedeutung von Jesus aus, ist aber noch kein Urteil über seinen Charakter oder seinen moralischen Wert.

Dieser kommt auf der zweiten Sprosse zum Ausdruck: Jesus ist ein Vorbild. Jetzt ist klar: Jesus hat nicht nur gelebt, er ist nicht nur für die Geschichtsforscher wichtig, sondern auch jemand, der mich etwas angeht. Er ist ein Vorbild, das ich verehre und von dem ich viel lernen will. Er ist ein Vorbild in seinem Friedenseinsatz und seiner Gewaltlosigkeit, in seiner Liebe zu allen Menschen. Er ist ein Vorbild für Ehrlichkeit und Echtheit; Scheinheiligkeit und Intrigen haben bei ihm keinen Platz.

Markus lädt ein, die Stufen der Leiter weiter hinaufzusteigen. Auf der höchsten Sprosse wird die Erkenntnis ganz eindeutig: „Jesus, du bist der Messias, der Sohn des lebendigen Gottes!" Auf dieser Stufe handelt es sich nicht mehr um ein Reden über Jesus, sondern um die persönliche Anrede: „Du bist der Messias. Du bist der Heiland, der Erlöser. Du bist das tiefste Geheimnis meines Lebens, das mich endgültig zu einem Ebenbild Gottes macht." Hier ist der Raum, wo unsere menschliche Sprache hilflos ist und Schweigen mehr sagt als tausend Worte.

Die altchristliche Bibelmethode *lectio divina* gilt als besondere Möglichkeit, Schritt für Schritt immer wieder auf die höchste Stufe der Leiter zu steigen. Diese Methode beginnt mit der *lectio*, dem langsamen Lesen der Bibelworte. Es folgt die *meditatio*, vergleichbar einem wiederholten Kauen der Bibelworte. Dann schließt die *oratio* an, das bewusste Beten mit dem Bibeltext. Anhand des Erkannten beginnt der Mensch ein Du-Gespräch mit Gott. Die *contemplatio* bildet den letzten Schritt, der sich bei größter Anstrengung nicht machen oder erpressen lässt. Er ist ein Geschenk. *Contemplatio* ist das Verweilen in Gott, das Verkosten der Gegenwart Gottes.

Es ergibt sich die Frage: Können wir nicht sofort auf die höchste Stufe der Leiter zu Jesus springen? Die Leiter zeigt uns, dass dies nicht geht. Es braucht das sichere Fundament und die Sprossen, über die wir uns dem Geheimnis Jesus nähern. Sonst besteht die Gefahr, dass wir zwar wie Petrus sagen „Du bist der Messias", aber eigentlich gar nicht ahnen, was dies bedeutet. Nicht ohne Grund erteilt Jesus den Jüngern den Befehl, sie sollten erst nach seinem Tod und seiner Auferstehung erzählen, dass er der Messias sei. Vorher könne das niemand richtig verstehen. Ohne den Anstieg Stufe für Stufe besteht auch die Gefahr, dass wir das gute Fundament kaum beachten und damit die Menschlichkeit Jesu nicht ernst nehmen. Dann wird der Glaube ein haltloses Herumschwirren und stürzt beim kleinsten Gegenwind ab. Die große Erfahrung der Begegnung mit Jesus lässt sich nicht festhalten. Wir können nicht immer auf der höchsten Stufe der Leiter sein und müssen wie die Jünger am Berg der Verklärung wieder hinunter ins Tal. Aber die Erinnerung an besondere Ereignisse und die Sehnsucht bleiben. Sie schenken Weite und Motivation auf dem Weg.

Die größte Besonderheit auf der Leiter zu Jesus Christus, dem Sohn Gottes, ist Folgendes: Jesus kommt uns von oben her entgegen und hilft uns beim Aufstieg. Mit den

Worten „Er war Gott gleich, hielt aber nicht daran fest, wie Gott zu sein, sondern er entäußerte sich und wurde wie ein Sklave und den Menschen gleich. Sein Leben war das eines Menschen; er erniedrigte sich und war gehorsam bis zum Tod, bis zum Tod am Kreuz" bringt der Philipperhymnus dieses Geheimnis zum Ausdruck.

Menschen wie du und ich

Markus stellt seine Frohe Botschaft von Jesus nicht als allgemeine oder abstrakte Wahrheit dar, sondern verbindet sie sofort mit verschiedenen Menschentypen. Literarisch wollen diese auch als Raster für unser Nachdenken verwendet werden:
- Wem gleiche ich am meisten?
- Von wem kann ich lernen?
- Zähle ich mich zu den passiven Zuschauern oder wäre ich lieber ein aktiver Helfer oder eine engagierte Unterstützerin Jesu?
- Treffen die Worte der Skeptiker meine Gedanken und Gefühle oder eher die großen Bekenntnisse von Petrus oder dem römischen Hauptmann?

Auch gegnerische und feindliche Stimmen zu Jesus kommen im Markusevangelium zu Wort, weil sie einerseits der damaligen und heutigen Realität entsprechen, aber auch mithelfen wollen, diese Argumente heute nicht zu verschweigen und darauf im Sinne Jesu zu reagieren. Für viele Menschen ist die Bibel auch deswegen das Buch ihres Lebens, weil sie realistisch ist und nicht alles schönredet.

Ich habe am Beginn dieses Kapitels von der Idee erzählt, ein eigenes Evangelium zu schreiben.

- Wie wäre es, in zwei stillen Stunden das ganze Markusevangelium zu lesen und dann die wichtigsten Inhalte oder Botschaften als Brief an mich selbst aufzuschreiben?
- Wie soll das Evangelium beginnen?
- Welche Sätze dürfen auf keinen Fall fehlen?
- Welche Person aus dem Evangelium gleicht mir am meisten, welche verstehe ich nicht?
- Wie wäre es, diesen Brief in die Bibel hineinzulegen und Monate später wieder zur Hand zu nehmen? Dann sehe ich am klarsten, was mir wichtig und hilfreich ist. Dann wird der Text meine ganz persönliche Bibel.

Das besondere Wort

Jesus, wie soll ich dich in meinen Gebeten anreden?
Keine Anrede trifft alles, was ich fühle und denke und dir sagen will.
Manchmal erzähle ich dir einfach, was mich beschäftigt.
Manchmal bin ich um die vertrauten Gebete froh, weil mir die Worte fehlen.

Mit Jesus Lasten tragen

Kommt alle zu mir, die ihr euch plagt und schwere Lasten zu tragen habt. Ich werde euch Ruhe verschaffen. Nehmt mein Joch auf euch und lernt von mir; denn ich bin gütig und von Herzen demütig; so werdet ihr Ruhe finden für eure Seele. Denn mein Joch drückt nicht, und meine Last ist leicht.

Matthäus 11,28–30

Ein Stück Holz in der Länge von ca. 130 cm, bestehend aus zwei spiegelgleichen Hälften, die jeweils fast wie ein Halbkreis gebogen sind, in der Mitte des Holzes eine Rille zum Festbinden von Gegenständen. Ich weiß nicht, wie viele Menschen heute noch erkennen, dass dieses besondere Stück Holz ein Joch für zwei Ochsen ist. Das Joch wurde den beiden Rindern, die nebeneinander gingen, auf den Hals gebunden. Die zwei halbkreisförmigen Rundungen lagen am Nacken der Tiere auf. Als Kind habe ich mir manchmal gedacht: Warum braucht es ein Joch, das ist doch eine zusätzliche Last. Inzwischen weiß ich, dass ein Joch hilft, das Gewicht besser und gleichmäßiger zu verteilen. Die Last drückt dann nicht einseitig oder streift ständig an den Füßen oder am Bauch. Das Joch dient auch dazu, beim Tragen den richtigen Schwerpunkt zu haben und somit aufrecht zu gehen.

Jesus verwendet das Bild des Joches, spricht ausdrücklich von „meinem" Joch und zeigt darin auf, wo und wie er die großen Lasten dieser Welt trägt, aber auch wo und wie wir Menschen lernen können, die Lasten miteinander und auch füreinander zu tragen. Im Laufe der Jahrhunderte haben Menschen immer wieder gefragt, was mit dem Joch Jesu gemeint sei: Einige sahen darin die Demut der konkreten Nachfolge Jesu oder speziell die Kreuzesnachfolge, andere verknüpften mit dem Joch die christlichen Gesetze und Werte für ein gutes Zusammenleben. Augustinus und viele andere betonten, dass mit dem Joch Jesu nicht so sehr eine spezielle Askese oder ein besonderes Fasten gemeint sein kann, sondern die konkrete Nächstenliebe und Gottesliebe. Die Nächsten- und Gottesliebe gehören wie die beiden halbrunden Teile des Jochs zusammen und ergänzen sich gegenseitig. Diese Liebe ist nicht immer leicht, manchmal drückt ihre Last auch Menschen nieder und erfordert große Ausdauer. Gleichzeitig wird durch das Bild des Joches klar, dass dieses Gewicht nicht Selbstzweck oder zusätzliche Bürde ist, sondern beim Lastentragen hilft und entlastet.

Physiotherapeuten üben bei Menschen mit Rückenproblemen ganz gezielt, dass sie beim Tragen einer Last aufrecht gehen und stehen. Auch der Blick auf das Joch lehrt uns die Kunst, beim Lastentragen aufrecht zu stehen. Wer gebückt ist, verliert den Schwerpunkt und die Last wird um vieles schwerer. „Wirf deine Sorge auf den Herrn, er hält dich aufrecht! Er lässt den Gerechten niemals wanken", betet der Psalmist (Psalm 55,23).

Das doppelte Joch erinnert uns auch, dass wir beim Lastentragen nicht Einzelhelden sein dürfen, sondern das Miteinander und Füreinander wagen sollen. Wer alles allein tragen will, vergisst, dass es miteinander besser und vor allem leichter geht. Was nützt es, wenn beim Ziehen einer der Ochsen vorausrennt und meint, alles allein zu ziehen. Dann wird es schräg und einseitig.

Das Joch bewahrt uns vor falschem Heldentum und auch vor der Meinung, Münchhausen zu sein. Es geht nicht, sich wie Münchhausen selber aus dem Schlamm zu ziehen. Wie entlastend, wenn Menschen das einsehen und sich helfen lassen! Wie entlastend, wenn Menschen die angebotene Hilfe und Versöhnung annehmen!

Warum beseitigt Gott die Lasten nicht?

An der Kapellenwand eines Seniorenheimes in Innsbruck stehen die Bibelworte „Kommet alle zu mir, die ihr euch plagt und schwere Lasten zu tragen habt." Man muss im Wohnheim diesen Satz niemandem erklären. Die alten und kranken Bewohner des Hauses fühlen sich sofort angesprochen. Sie ahnen, dass jemand ihre kleinen und großen Lasten kennt, sie spüren, dass sie ernst genommen werden. Viele betreten mit der Sehnsucht die Kapelle, dass sie dort manche Lasten ablegen können und dann leichter hinausgehen können.

Die Bibel verschweigt in keiner Weise, dass allzu viele Menschen alle möglichen Lasten tragen müssen. Das führt sie oft an die Grenze des Belastbaren, viele brechen unter der Last zusammen. Als erste Antwort darauf betont die Bibel, dass Gott nicht taub für diese Lasten ist. „Ich habe das Elend meines Volkes in Ägypten gesehen, und ihre laute Klage über ihre Antreiber habe ich gehört. Ich kenne ihr Leid" (Exodus 3,7), ruft Gott dem Mose im brennenden Dornbusch zu.

Die Botschaft, dass Gott das Joch der Menschheit sieht und beseitigen will, durchzieht die ganze Bibel und wird bei den Gottesdiensten zu Recht an markanten Festen des Kirchenjahres verkündet. Die Worte „Denn wie am Tag von Midian zerbrichst du das drückende Joch, das Tragholz auf unserer Schulter und den Stock des Treibers" (Jesaja 9,3) gehören zur Liturgie des Weihnachtsfestes. Am Aschermittwoch werden uns ähnliche Pläne Gottes als frohe Botschaft verkündet: „Nein, das ist ein Fasten, wie ich es liebe: die Fesseln des Unrechts zu lösen, die Stricke des Jochs zu entfernen, die Versklavten freizulassen, jedes Joch zu zerbrechen" (Jesaja 58,6).

Gott kennt unsere Lasten. „Was nützt das? Warum beseitigt er sie nicht?", fragen manche zu Recht. Wo ist denn Gott, wenn Krankheiten ganze Familien lahmlegen, Menschen aus dem Teufelskreis der Angst, des Misstrauens und der gegenseitigen Blockaden nicht herauskommen oder wenn eine Naturkatastrophe der nächsten folgt? Was nützt es, wenn Gott all das kennt, aber scheinbar wegschaut oder nur zuschaut. Die Zusage Gottes an Mose „Ich bin herabgestiegen, um sie der Hand der Ägypter zu entreißen und aus jenem Land hinaufzuführen in ein schönes, weites Land" (Exodus 3,8) scheint oft gar nicht oder viel zu spät in Erfüllung zu gehen. Wir alle kennen beladene Menschen, denen wir nichts sehnlicher wünschen, als dass sie endlich ausruhen können. Da fällt dann nicht nur ein Stein vom Herzen, sondern ein ganzer Berg von Sorgen ist weg.

Jesus als Lastenträger

In Jesus Christus wird das Entlastungsprogramm Gottes für immer greifbar und sichtbar. Menschen spüren in seiner Nähe, dass sie ernst genommen werden. Sie können wieder aufatmen und die Luft der Hoffnung spüren. Es geschehen Neuanfänge und Durchbrüche. Jesus hilft nicht nur denjenigen, die zielstrebig zu ihm kommen, sondern ruft einladend allen Menschen zu, mit ihren Lasten zu ihm zu kommen. Dieses Verhalten Jesu ist mehr als bloße Worte oder ein Werbegag, es ist sein Lebensprogramm. Es fällt auf und ist typisch für Jesus, dass die Einladung allen und nicht nur einigen Auserwählten gilt und wie er sein Handeln begründet: „Denn ich bin gütig und von Herzen demütig." Bei der Beichtvorbereitung frage ich manchmal die Kinder, warum Jesus sie ihrer Meinung nach liebt und ihnen Fehler verzeiht. Die meisten Kinder bringen die entscheidende Antwort, „weil Jesus mich gern hat". Nur wenige zählen als Argument auf, dass sie so nett seien oder sich selber sehr bemühen. Ja, die zentrale Begründung der göttlichen Liebe ist die bedingungslose Liebe Gottes, die unserer Liebe lange vorausgeht. Gott verzeiht und entfernt Lasten, weil er uns liebt und weil er aus tausendfacher Erfahrung weiß, dass nur jene Menschen sich zum Guten bessern können, die sich geliebt fühlen. Wer sich abgelehnt, missachtet und abgeschrieben weiß, kann nicht die Kraft zur Besserung haben. Mit einem schweren Rucksack oder einer Kugel um den Fuß kommt niemand weiter.

Sie übernahmen Jesus. Er trug sein Kreuz und ging hinaus zur sogenannten Schädelhöhe, die auf Hebräisch Golgota heißt. Dort kreuzigten sie ihn und mit ihm zwei andere, auf jeder Seite einen, in der Mitte Jesus. Pilatus ließ auch ein Schild anfertigen und oben am Kreuz befestigen; die Inschrift lautete: Jesus von Nazaret, der König der Juden.

Johannes 19,16–19

Jesus lädt uns Menschen nicht nur ein, die Lasten zu ihm zu bringen und bei ihm abzuladen. Der sympathische (= mitleidende) Jesus bleibt seinem Weg auch in jenen Stunden treu, in denen er selbst mit dem Hass dieser Welt und der Feigheit seiner Jünger beladen wird. Sein Kreuzweg ist die letzte Konsequenz der Liebe, sein Kreuz symbolisiert alle Kreuze dieser Welt. Jesus trägt sie Richtung Golgota und verwandelt sie in den Ostermorgen hinein. Wir Christen glauben, dass damit der Höhepunkt der Erlösung bereits geschehen ist. Die Ohnmacht des Kreuzes wird zum Hebel, um viele Lasten zu heben und leichter zu tragen. Wir sind nicht wie Sisyphus dazu verdammt, Lasten für immer und ewig zu tragen. Jesus ist nicht verliebt in das Leid, nein, er will es verwandeln.

Viele Menschen halten zu Recht im Gebet am Abend oder in der Früh dem Herrgott die Freude und das Leid des Tagen hin und bitten, dass er es annehmen möge: „Gott, ich bringe dir meine Sorgen und meine Angst. Nimm sie und mach du das daraus, was richtig ist." Wir haben nicht weniger Probleme, aber mehr Lösungsmöglichkeiten, sagen manche zu Recht.

„Mir fällt auf, dass man heutzutage in der Kirche nicht mehr für die Mühseligen und Beladenen betet", meinte vor Jahren eine Lehrerin. Wenn dies zutrifft, dann haben wir das Joch Jesu vergessen und es zu den alten Museumsartikeln gestellt, die wir nicht mehr brauchen. Rings um die Diskussionen über Kreuze in öffentlichen Räumen denke ich mir oft: Es wäre ein großer Verlust, wenn das Kreuz aus unseren Krankenhäusern verschwände.

Verantwortung, Lasten abzunehmen

Darauf wandte sich Jesus an das Volk und an seine Jünger und sagte: Die Schriftgelehrten und die Pharisäer haben sich auf den Stuhl des Mose gesetzt. Tut und befolgt also alles, was sie euch sagen, aber richtet euch nicht nach dem, was sie tun; denn sie reden nur, tun selbst aber nicht, was sie sagen. Sie schnüren schwere Lasten zusammen und legen sie den Menschen auf die Schultern, wollen selber aber keinen Finger rühren, um die Lasten zu tragen. Alles, was sie tun, tun sie nur, damit die Menschen es sehen: Sie machen ihre Gebetsriemen breit und die Quasten an ihren Gewändern lang, bei jedem Festmahl möchten sie den Ehrenplatz und in der Synagoge die vordersten Sitze haben, und auf den Straßen und Plätzen lassen sie sich gern grüßen und von den Leuten Rabbi (Meister) nennen.

Matthäus 23,1–7

Die Bibel ist voll von positiven Beispielen, wie sich Menschen gegenseitig beim Lastentragen helfen. Als Buch des Lebens und der Liebe warnt sie davor, sich gegenseitig das Leben schwer zu machen und sich zusätzliche Lasten aufzubürden. Sie lädt ein, dass Menschen Lasten bei Gott ablegen und sich gegenseitig beim Lastentragen helfen. Um Menschen zu helfen, verschweigt die Bibel auch die Gefahren der Religion nicht, nämlich engherzig zu werden und Menschen im Namen der Religion zu unterdrücken. Schon Petrus und Paulus warnen vor diesen Möglichkeiten. Beim Apostelkonzil in Jerusalem ergreift Petrus das Wort und meint: „Warum stellt ihr also jetzt Gott auf die Probe und legt den Jüngern ein Joch auf den Nacken, das weder unsere Väter noch wir tragen konnten?" (Apostelgeschichte 15,10). Der Apostel Paulus, der ein besonderes Gespür für die Unterscheidung der Geister und die neue Freiheit in Christus hatte, betont zu

Recht im Brief an die Galater: „Zur Freiheit hat uns Christus befreit. Bleibt daher fest und lasst euch nicht von neuem das Joch der Knechtschaft auflegen!" (Galater 5,1).

Gerade Verantwortliche in der Kirche müssen sich immer wieder die Frage stellen, ob sie mithelfen, Lasten zu beseitigen, oder den Menschen einen falschen Opfergedanken einreden und ihnen somit zusätzliche Lasten aufbürden. Das wäre ein Verrat an Jesus, der für Selbstgerechtigkeit und Hartherzigkeit kein Verständnis zeigte. Die harten Worte zu den Pharisäern sprechen für sich.

Lasten als Strafe wie bei Sisyphus und Atlas?

Nicht nur die Bibel, sondern auch die Mythologie der Völker, Heiligenlegenden und viele große Werke der Weltliteratur erzählen von Lastenträgern.

Atlas, Sohn eines Titanen und Bruder des Prometheus, beteiligt sich nach der griechischen Mythologie an einem Aufstand gegen den Göttervater Zeus. Als Strafe dafür muss er im bekannten Atlasgebirge das Himmelsgewölbe tragen. Er muss die westliche Säule des Himmelsgewölbes bilden und ist aufgrund seines Aufstandes für immer verdammt, eine Säule zu bleiben. Würde er davonrennen, dann bräche das Himmelsgewölbe ein. Sisyphus hat den Gott der Unterwelt überlistet und muss als Strafe dafür einen großen Stein auf einen Berg hinaufrollen. Kurz vor dem Gipfel rutscht er immer aus, der Stein rollt hinunter und alles beginnt von vorne. Das ist die Sisyphusarbeit, die nie endet und immer kurz vor dem Erfolg scheitert.

Die Legende des heiligen Christophorus berichtet, dass dieser der Stärkste und Mächtigste seines Dorfes war. Als junger Mann sagt er zu sich: „Wenn ich in diesem Dorf bleibe, dann kann ich niemandem mit meiner Kraft nützen, außer dass ich statt einem Korb mit Gemüse fünf davon tragen kann. Ich will mich aufmachen, um jemand Geeigneten zu suchen, dem ich dienen kann. Er soll mächtiger und größer sein als ich, bei keinem anderen mag ich bleiben." Nach langem Wandern gelangt er an den Hof des Kaisers. Alle, die er auf der weiten Reise getroffen hatte, hatten ihm versichert, dieser sei der mächtigste Mensch. Zu seiner Überraschung erlebt er beim Kaiser, dass die Soldaten und der Herrscher selbst vor dem Teufel Angst haben. Also sucht er den Teufel, der offensichtlich mächtiger ist als der Kaiser. Der Teufel packt ihn und fliegt mit ihm davon. Aber was passiert? Sie kommen bei einer Kirche vorbei, aus der gerade eine Frau mit einem neugeborenen Kind herauskommt. Der Teufel bekommt Angst und Christophorus kann ihm entfliehen. Er will daraufhin Christus finden. Er sucht lange. Ein Einsiedler gibt ihm den Rat, Pilger über den großen Fluss zu tragen. So trägt er über Jahre hindurch Menschen über das Gewässer. Unter ihnen erscheint eines Tages auch das Jesuskind und wird auf seinen Schultern immer schwerer. Mit letzter Kraft bringt er Jesus Christus ans Ufer. Dort gibt sich Christus zu erkennen: Ich bin Christus, der Herr der Welt. Du hast den Schöpfer über den Strom getragen und mit ihm alles, was ist."

Wem gleicht mein Leben am meisten?
- Dem Atlas, der zur Strafe wie eine Säule stehen bleiben muss und sich nicht mehr richtig bewegen kann?
- Oder dem Sisyphus, weil alle meine Mühe nie ans Ziel kommen kann?
- Oder dem Christophorus, der als suchender Mensch über viele Umwege hinweg zu jemandem wird, der vielen hilft?

Ich bin überzeugt: Gott lädt uns Lasten nicht zur Strafe auf oder quält uns mit Schicksalsschlägen oder Krankheit, wie es bei Atlas oder Sisyphus der Fall ist. Lasten scheinen vielmehr zu unserem menschlichen Leben dazuzugehören. Gott will, dass wir uns nicht gegenseitig Bürden aufladen, sondern sie bei ihm abladen und zur Ruhe kommen. Gerade in manchen quälenden Stunden ist er bei uns, auch wenn wir es leider nicht spüren.

Das besondere Wort

Gebet zur Herz-Jesu-Gelöbniserneuerung in Tirol
Vorbeter/in:
Herr Jesus Christus, du hast gesagt: „Kommt alle zu mir, die ihr euch plagt und schwere Lasten zu tragen habt. Ich werde euch Ruhe verschaffen. Nehmt mein Joch auf euch und lernt von mir, denn ich bin gütig und von Herzen demütig; so werdet ihr Ruhe finden für eure Seele. Denn mein Joch drückt nicht, und meine Last ist leicht." (Matthäus 11,28)
Herr Jesus Christus, du bist Mensch geworden aus Liebe zu den Menschen. Du hast unser Leben geteilt, in allem uns gleich außer der Sünde. Durch dein Kreuz und Leiden hast du unsere Schuld gesühnt und uns deine Liebe bewiesen bis in den Tod. Dein geöffnetes Herz ist die Quelle, aus der das Blut des Neuen Bundes und das Wasser des Lebens strömen. Dir haben sich unsere Vorfahren anvertraut, und du hast sie aus schwerer Not errettet. Darum kommen wir voll Vertrauen zu dir und bitten dich:

Alle:
Wende auch uns deine Liebe zu. Segne uns, unsere Familien und unser Land.

Stärke uns zum Guten und lass uns dem Bösen widerstehen.
Hilf uns, dir in Gerechtigkeit und Frieden zu dienen.
Gib uns deinen Geist, damit wir das Land, das du uns zur Heimat gegeben hast,
nach deinem Willen gestalten, den Glauben bewahren,
und ihn als kostbares Erbe weitergeben an unsere Nachkommen.
Darum bitten wir dich um der Liebe deines Herzens willen,
der wir uns anvertrauen jetzt und in Ewigkeit. Amen.

Diözese Innsbruck

Mit Maria und Marta beten und arbeiten

Sie zogen zusammen weiter, und er kam in ein Dorf. Eine Frau namens Marta nahm ihn freundlich auf. Sie hatte eine Schwester, die Maria hieß. Maria setzte sich dem Herrn zu Füßen und hörte seinen Worten zu. Marta aber war ganz davon in Anspruch genommen, für ihn zu sorgen. Sie kam zu ihm und sagte: Herr, kümmert es dich nicht, dass meine Schwester die ganze Arbeit mir allein überlässt? Sag ihr doch, sie soll mir helfen! Der Herr antwortete: Marta, Marta, du machst dir viele Sorgen und Mühen. Aber nur eines ist notwendig. Maria hat das Bessere gewählt, das soll ihr nicht genommen werden.

Lukas 10,38–42

Die emsige Marta meint es sehr gut und bekommt nur Ärger. Zuerst die ganze Arbeit, dann die fehlende Hilfe ihrer Schwester und zuletzt noch die ermahnenden Worte von Jesus: „Marta, Marta, du machst dir viele Sorgen und Mühen. Aber nur eines ist notwendig!" Was wäre geschehen, wenn beim Besuch Jesu nur Marta daheim gewesen wäre? Hätte sie dann anders gehandelt? Wie hätte Jesus auf ihren Versuch, alles gleichzeitig zu tun, reagiert? Hätte er geduldig gewartet, bis sie mit den Vorbereitungen fertig ist, oder hätte er einfach geholfen?

Maria und Marta – dieses Geschwisterpaar löst seit eh und je Diskussionen aus:
- Welche der beiden Schwestern ist wichtiger?
- Warum schneidet Marta so schlecht ab?
- Was würde passieren, wenn alle Menschen ständig wie Maria herumsitzen und nichts tun würden? Die Fragen lassen sich auf viele Bereiche des Lebens übertragen:
- Wer verdient das Geld?
- Wer übernimmt den Haushalt?
- Wäre es nicht besser, wenn streng kontemplative Ordensleute als Sozialarbeiter bei den Ärmsten lebten, statt nur zu beten?

Solange wir beide Schwestern gegeneinander ausspielen, kommen wir nicht weiter. Daher ist es wichtig, das Miteinander und Füreinander der beiden Schwestern zu betrachten. Ich vergleiche die beiden gerne mit den zwei Rudern eines Bootes, die sich gegenseitig ergänzen. Jedes Ruder ist wichtig und braucht das andere. Wenn ich nur ein Ruder verwende, dann drehe ich mich im Kreis. Wenn ich verschieden stark rudere, dann fahre ich einen Zickzackkurs. So sollen hier anhand von Maria und Marta die beiden wichtigen Lebensruder „Beten" und „Arbeiten" dargestellt werden. Bei welchem Ruder soll die Beschreibung beginnen? Es ist wohl egal; wichtiger ist, dass beide untrennbar zusammengehören und sich ergänzen.

Lebensruder Beten

Manchmal frage ich Jugendliche, welche Talente und Fähigkeiten sie ihrer Meinung nach besonders haben. Immer wieder betont dann jemand von ihnen, dass er oder sie gut zuhören kann. Ich finde dies wichtig und motiviere solche Jugendliche, diese Kunst zu pflegen und nicht zu verlernen. Wir wissen ja alle aus vielen Begegnungen, dass Zuhören keine Selbstverständlichkeit ist.

Die Bibel berichtet, dass Maria nichts anderes tut als Jesus zuzuhören. „Maria setzte sich dem Herrn zu Füßen und hörte seinen Worten zu", heißt es kurz und prägnant. Wir erfahren nicht, was Jesus Maria erzählt hat. Sind es Erlebnisse der vergangenen Tage und Wochen? Sind es Gleichnisse? Betont er, warum er dieses und jenes tun will? Schenkt er Einblicke in seine Beziehung zu seinem Vater im Himmel? Wir wissen es nicht, aber wir ahnen aus den wenigen Bibelworten, dass hier intensive Begegnung geschieht. Schön und gut für Maria und für Jesus!

Im Bibeltext wird nicht ausdrücklich gesagt, dass Maria in dieser Stunde betet. Und doch zeigt die Begegnung musterhaft, dass Beten in erster Linie Zuhören bedeutet und dessen Qualität keineswegs von der Menge der Worte abhängt. Wie bereichernd kann es sein, hineinzuhorchen ins Herz Jesu und ins Geheimnis Gottes! Gerade Meditationen anhand der Bibel laden ein, Worte Jesu oder Ereignisse der Heilsgeschichte zu betrachten und sie wie Samenkörner in sich aufzunehmen. Da geht es nicht darum, sofort zu antworten, sondern vielmehr darum, die Worte Jesu zu verkosten. Gott sei Dank haben wir Christen die Bibel, in der uns so große Einblicke ins Geheimnis Gottes geschenkt werden. Ich sitze Jesus zu Füßen, schaue ihn an und lasse mich von ihm anschauen. Das stärkt und fördert die Beziehung.

„Warum soll ich beten? Was hat Gott von meinen Gebeten? Er weiß ohnehin alles!" „Ich bete nur dann, wenn ich in Stimmung bin, besonders wenn ich große Angst habe, manchmal auch, wenn es mir gut geht." Diese Aussagen sind uns nicht fremd. Dahinter stecken oft einseitige Vorstellungen vom Beten. Es kann das Missverständnis sein, dass Beten ein rein pflichtgemäßes Berichterstatten an Gott ist und mit Dialog nichts zu tun hat. Wenn es mir hilft, dann bete ich. Für Gott soll es egal sein, ob ich den Kontakt zu ihm suche oder nicht. Von Maria können wir als positive Antwort darauf lernen, dass Beten sehr viel mit gegenseitiger Beziehung zu tun hat.

„Wozu Religion? Man stirbt ja trotzdem", hat es vor Monaten in einer Zeitung geheißen. Bei Diskussionen um ähnliche Themen betone ich meistens: Ja, auch ein religiöser Mensch stirbt. Und doch vertraue ich, dass Religion, Gebet und die Gemeinschaft der Kirche den Menschen helfen, einen guten Weg durch ihr Leben, aber auch durch ihr Sterben zu finden. Ohne Religion ist die Gefahr größer, dass wir uns im Kreis drehen. Betende Menschen haben nicht weniger Probleme, aber mehr Lösungsmöglichkeiten. So manche Missverständnisse im menschlichen Zusammenleben werden allein dadurch vermieden, dass wir beim Beten immer wieder das aufmerksame Hören üben.

Lebensruder Arbeiten

In der Erzählung vom Besuch Jesu bei Maria und Marta wird am Beginn betont, dass Marta Jesus freundlich aufnimmt. Sie sorgt dafür, dass der müde Jesus rasten kann und etwas zum Essen bekommt. Ohne Blick aufs leibliche Wohl wäre ihre Gastfreundschaft eigenartig. Arbeitende Menschen wie Marta ermöglichen, dass Mitmenschen etwas zum Essen bekommen und ein Dach über dem Kopf haben. Zum Glück gibt es viele solche Menschen wie Marta, die ihr Talent einbringen und viel leisten. Und doch schneidet bei der geschilderten Begegnung Marta schlecht ab, wohl deswegen, weil sie „ganz davon in Anspruch genommen war, für Jesus zu sorgen". Wenn Menschen alles überperfekt machen wollen, dann hinterlässt es manchmal ein eigenartiges Gefühl und keineswegs Ruhe und Geborgenheit. Auch die Neigung, sofort zu vergleichen und sich über ihre Schwester zu beschweren, stellt Marta in ein schiefes Licht.

Marta sagte zu Jesus: Herr, wärst du hier gewesen, dann wäre mein Bruder nicht gestorben. Aber auch jetzt weiß ich: Alles, worum du Gott bittest, wird Gott dir geben. Jesus sagte zu ihr: Dein Bruder wird auferstehen. Marta sagte zu ihm: Ich weiß, dass er auferstehen wird bei der Auferstehung am Letzten Tag. Jesus erwiderte ihr: Ich bin die Auferstehung und das Leben. Wer an mich glaubt, wird leben, auch wenn er stirbt, und jeder, der lebt und an mich glaubt, wird auf ewig nicht sterben. Glaubst du das? Marta antwortete ihm: Ja, Herr, ich glaube, dass du der Messias bist, der Sohn Gottes, der in die Welt kommen soll.
Johannes 11,21–27

Das Johannesevangelium berichtet in Kapitel 11 von einer Begegnung Jesu mit Maria und Marta, in der andere Stärken von Marta aufleuchten. Lazarus, der Bruder von Maria und Marta, ist gestorben. Viele Juden trösten die beiden. Wie Marta erfährt, dass auch Jesus nach Betanien kommt, geht sie ihm entgegen, Maria hingegen bleibt im Haus. Hatte Marta beim Besuch Jesu, von dem das Lukasevangelium berichtet, nur gearbeitet, so kommt es jetzt zum intensiven Gespräch zwischen ihr und Jesus. Dabei zeigt Marta ihre menschliche Reife und formuliert eines der größten Glaubensbekenntnisse der Bibel.

Mut zur Auswahl: Nur eines ist notwendig

Der Exerzitienmeister Franz Jalics nennt in seinen Kursen immer wieder Prioritäten für eine gute Alltagsgestaltung: Das Wichtigste ist ausreichend Schlaf, das Zweitwichtigste Bewegung, besonders für jene Menschen, die einen sitzenden Beruf haben. An dritter Stelle steht das Gebet. An vierter Stelle kommt die Pflege der Gemeinschaft mit jenen Menschen, mit denen wir das Leben teilen. Erst an fünfter Stelle kommt die Arbeit. Diese Aufzählung lenkt den Blick auf Lebensbereiche wie Schlaf und Bewegung, die allzu oft übersehen werden. Gebet und die Pflege der Gemeinschaft wird für Franz Jalics nicht zum Kürprogramm, das ich dann nütze, wenn ich noch Zeit habe. Sie gehören ganz wesentlich zum Pflichtprogramm und sind notwendig. Sie helfen, Not zu verhindern und abzuwenden.
▸ „Was ist jetzt wirklich notwendig?"
▸ „Was braucht es jetzt und was ist nur überflüssiger Ballast?"

Wenn wir diese Fragen ständig wegschieben, verhindern wir eine gesunde Entwicklung. In den Worten Jesu an Marta „Nur eines ist notwendig" macht Jesus Mut, auf manches zu verzichten und sich nicht allem möglichen Erwartungsdruck von außen oder den eigenen Zwängen auszuliefern. Dann wird's oft unkomplizierter und echter. Weniger ist mehr.

Die Gegensatzpaare entweder beten oder den Menschen helfen, entweder am Sonntag in die Kirche gehen oder ein guter Mensch sein sind falsch. An die Stelle des „Entweder – oder" gehört meist das „und". Es braucht in uns Maria und Marta, da die Liebe zu Gott und die Liebe zu den Menschen untrennbar zusammengehören. Wo Menschen nur auf eine Liebe setzen, entweder nur zu Gott oder nur zu den

Menschen, kommen sie ins einseitige Rudern und drehen sich im Kreis. Wer nur Gott lieben will, wird frömmelnd, oft auch menschenverachtend und jemand, der redet und nichts tut. Wer nur die Menschen lieben will und Gott ausblendet, überfordert sich ab der ersten Sekunde.

Das besondere Wort

Ich wünsche dir Augen, die die kleinen Dinge des Alltags wahrnehmen und ins rechte Licht rücken.
Ich wünsche dir Ohren, die die Schwingungen und Untertöne im Gespräch mit anderen aufnehmen.
Ich wünsche dir Hände, die nicht lange überlegen, ob sie helfen und gut sein sollen.
Ich wünsche dir zur rechten Zeit das richtige Wort.
Ich wünsche dir ein liebendes Herz, von dem du dich leiten lässt.
Ich wünsche dir: Freude, Glück, Zuversicht, Gelassenheit und Demut.
Ich wünsche dir gute Eigenschaften, die dich das werden lassen, was du bist und immer wieder werden willst –
jeden Tag ein wenig mehr.
Ich wünsche dir genügend Erholung und ausreichend Schlaf, Arbeit, die Freude macht,
Menschen, die dich mögen und bejahen und dir Mut machen; aber auch Menschen, die dich bestätigen,
die dich anregen, die dir Vorbild sein können, die dir weiterhelfen, wenn du traurig bist und müde und erschöpft.
Ich wünsche dir viele gute Gedanken und ein Herz,
das überströmt in Freude und diese Freude weiterschenkt.
Dies alles, sowie Gottes Schutz und Segen wünsche ich dir für alle Tage deines Lebens.
                                        Adalbert Ludwig Balling

Mit Petrus nochmals beginnen

Tu es Christus. So lautet der lateinische Wahlspruch des Südtiroler Bischofs Ivo Muser. Die Worte sind aus dem Gespräch übernommen, in dem Jesus seine Jünger fragt, für wen ihn die Leute halten. Die Antwort des Petrus „Du bist Christus, der Sohn des lebendigen Gottes" heißt auf Lateinisch *Tu es Christus, filius dei vivi* (Matthäus 16,16). Bischof Ivo Muser betont mit seinem Wahlspruch, dass es ihm in seinem Christsein und in seinem Amt als Bischof in erster Linie um ein Glaubensbekenntnis geht und nicht so sehr um ein Arbeitsprogramm, um moralische Appelle oder um ein Reformprogramm für die Kirche. Einige Südtiroler meinen, die Worte *Tu es Christus* seien nicht lateinisch, sondern deutsch: „Tu(e) es, Christus!", also „Handle endlich, Christus!" Diese Verwechslung löst bei mir zunächst ein Schmunzeln aus, dann aber auch Gedanken, dass es einen wesentlichen Zusammenhang zwischen dem Bekenntnis „Du bist Christus" und der Bitte „Tue es, Christus!" gibt. Am Beginn steht wie die tiefe Wurzel eines Baumes die Überzeugung, dass Jesus der Christus, der Sohn des lebendigen Gottes ist. Aus dieser Wurzel erwächst als Stamm das selbstverständliche Beten, Christus möge helfen und mit uns und für uns handeln. Mit dieser Wurzel und diesem Stamm gedeihen die Früchte unseres eigenen Handelns. Für ein überzeugtes christliches

Leben ist diese Reihenfolge entlastend und hilfreich. Wenn wir als Christen bei unserem eigenen Handeln beginnen, dann wird es eine ständige Selbstüberforderung. Wenn wir nur den Ruf wiederholen, was Gott alles tun soll, dann bleibt es schnell bei Ausreden. Eine Änderung und ein Neubeginn bei mir selbst sind in diesem Fall kaum eingeplant.

Die Bibel berichtet, dass Petrus immer wieder neu anfangen muss und darf. Das macht ihn für viele Menschen sympathisch und für ein christliches Leben mitten im Auf und Ab der Welt hilfreich. Obwohl viele Menschen gerne Änderungen bei anderen einfordern und sogar danach schreien, scheinen sie trotzdem Angst vor eigenen Veränderungen zu haben. Die Sehnsucht, dass alles so bleibt, wie es ist, sitzt viel tiefer, als viele glauben. So lohnt es sich auch, genauer zu schauen, woher Petrus die Kraft zu den vielen Neuanfängen nimmt. Was gibt ihm die Sicherheit, Neues zu wagen, was kann uns diese Sicherheit geben?

Berufung: Vom Fischer zum Menschenfischer

Als Jesus am See von Galiläa entlangging, sah er Simon und Andreas, den Bruder des Simon, die auf dem See ihr Netz auswarfen; sie waren nämlich Fischer. Da sagte er zu ihnen: Kommt her, folgt mir nach! Ich werde euch zu Menschenfischern machen. Sogleich ließen sie ihre Netze liegen und folgten ihm. Als er ein Stück weiterging, sah er Jakobus, den Sohn des Zebedäus, und seinen Bruder Johannes; sie waren im Boot und richteten ihre Netze her. Sofort rief er sie, und sie ließen ihren Vater Zebedäus mit seinen Tagelöhnern im Boot zurück und folgten Jesus nach.

Markus 1,16–20

Petrus stammt aus Betsaida am See Genesareth und arbeitet wie sein Bruder Andreas als Fischer. Er ist verheiratet und lebt in Kafarnaum. So viel und so wenig wissen wir von seinem Leben bis zum Zeitpunkt, an dem es zur entscheidenden Begegnung mit Jesus kommt. Jetzt ändert sich vieles. Vom Fischerberuf bringt Simon Petrus einige Erfahrungen mit, die Beweglichkeit und Offenheit ermöglichen. „Was muss ein Fischer besonders beachten?", habe ich einen begeisterten Vertreter dieser Zunft gefragt. Er meinte: „Der Fischer hat das Gespür für den richtigen Ort und geht dorthin, wo Fische schwimmen. Er beachtet zudem den richtigen Zeitpunkt am Morgen oder Abend, wenn das Licht passt und die Fische hungrig an die Wasseroberfläche kommen. Zu Mittag, wenn die Sonne hoch steht und die Fische satt sind, wird keiner anbeißen. Eine weitere wichtige Eigenschaft ist die Fähigkeit, sich selber im Hintergrund zu halten. Es geht nicht, dass er wie ein Elefant in den Fluss trampelt oder mit einem Motorboot mitten auf den See fährt. Da verstecken sich alle Fische. All das braucht ein hohes Maß an Beweglichkeit." Bei einem Bibelgespräch an der Atlantikküste Brasiliens wurde die Frage gestellt: „Warum berief Jesus Fischer wie Petrus zu seinen Aposteln?" Ein Fischer antwortete: „Wer sich zu Lande bewegt, baut Straßen aus Beton und Asphalt. Und er wird immer wieder diesen Weg benützen. Ein Fischer aber sucht die Fische dort, wo sie sind. Deshalb kundschaftet er jeden Tag einen neuen Weg aus, um Fische ausfindig zu machen. Es kann sein, dass der Weg von gestern nicht zu den Fischen von heute führt." Ja, der Satz „Das war immer so!" hilft uns Menschen oft nicht weiter, sondern blockiert häufig den notwendigen Schritt nach vorne.

Die Berufung durch Jesus löst die erste große Änderung im Leben des Petrus aus. Fällt ihm das leicht oder schwer? Was sagen seine Frau und seine Verwandten dazu? Woher nimmt Petrus das Vertrauen und die Kraft, mit Jesus mitzugehen und vom Fischer zum Menschenfischer zu werden? Ist es die Ausstrahlung Jesu und die Ahnung des Petrus, dass er jetzt die Chance seines Lebens hat? Der Bibeltext gibt keine eindeutigen Antworten auf all diese Fragen, lässt aber klar erkennen, dass die Initiative zur Änderung von Jesus ausgeht. Jesus spricht Petrus direkt an, er gibt ihm eine neue Aufgabe und schenkt ihm Vertrauen. Petrus spürt, dass er auf diesen Jesus ganz setzen kann und alles wagen darf. Ohne Jesus wäre Petrus wohl für immer ein mehr oder weniger erfolgreicher Fischer am See Genesareth geblieben.

Ich frage mich manchmal, warum viele Menschen nicht den Mut haben, etwas Großes in ihrem Leben zu wagen. Bekommen sie keine Chance dazu, ermutigt sie niemand? Lockt sie niemand aus der Reserve heraus? An fehlenden Talenten liegt es wohl selten!

Hilfreiche Kritik: Nicht Jesus überholen, sondern ihm nachfolgen

Als Jesus in das Gebiet von Cäsarea Philippi kam, fragte er seine Jünger: Für wen halten die Leute den Menschensohn? Sie sagten: Die einen für Johannes den Täufer, andere für Elija, wieder andere für Jeremia oder sonst einen Propheten. Da sagte er zu ihnen: Ihr aber, für wen haltet ihr mich? Simon Petrus antwortete: Du bist der Messias, der Sohn des lebendigen Gottes! Jesus sagte zu ihm: Selig bist du, Simon Barjona; denn nicht Fleisch und Blut haben dir das offenbart, sondern mein Vater im Himmel. Ich aber sage dir: Du bist Petrus, und auf diesen Felsen werde ich meine Kirche bauen, und die Mächte der Unterwelt werden sie nicht überwältigen. Ich werde dir die Schlüssel des

nochmals beginnen 147

Himmelreichs geben; was du auf Erden binden wirst, das wird auch im Himmel gebunden sein, und was du auf Erden lösen wirst, das wird auch im Himmel gelöst sein. Dann befahl er den Jüngern, niemand zu sagen, dass er der Messias sei.

Von da an begann Jesus, seinen Jüngern zu erklären, er müsse nach Jerusalem gehen und von den Ältesten, den Hohenpriestern und den Schriftgelehrten vieles erleiden; er werde getötet werden, aber am dritten Tag werde er auferstehen. Da nahm ihn Petrus beiseite und machte ihm Vorwürfe; er sagte: Das soll Gott verhüten, Herr! Das darf nicht mit dir geschehen! Jesus aber wandte sich um und sagte zu Petrus: Weg mit dir, Satan, geh mir aus den Augen! Du willst mich zu Fall bringen; denn du hast nicht das im Sinn, was Gott will, sondern was die Menschen wollen.

Matthäus 16,13–23

Das öffentliche Wirken Jesu beschränkt sich größtenteils auf das Gebiet rings um den See Genesareth. In Cäsarea Philippi, einem der nördlichsten Orte Galiläas, startet Jesus seinen bewusst gewählten Weg nach Jerusalem. Auf diesem Weg wird er seine Jünger in einer intensiven Lebensschule auf die kommenden Ereignisse in Jerusalem vorbereiten. Das geht dem Simon Petrus zu weit. Jesus läuft ins Verderben, das darf nicht geschehen. Klar, jetzt muss er handeln und den Meister zur Besinnung bringen. Er nimmt Jesus beiseite und will ihn belehren. Gut gemeint, schlecht getroffen.

Jesus scheint nicht nur unbelehrbar zu sein und sich nicht von seinem Weg abbringen zu lassen, sondern spricht jene scharfen Worte aus, die Petrus wohl nie mehr vergessen hat: „Geh weg, hinter mich, Satan" (Matthäus 16,23 wörtlich übersetzt). Damit ist für immer klargestellt, dass Jesus vorangeht und die Aufgabe der Jünger darin besteht, hinter Jesus herzugehen, auf ihn zu schauen und seinen Spuren zu folgen. Die Worte „Geh weg, hinter mich, Satan" sind für Petrus rein äußerlich nicht so einschneidend wie die Berufung Jahre vorher. Und trotzdem prägen sie seinen künftigen Lebensweg, weil sie einen großen Lernschritt einfordern. Nicht nur in unkomplizierten, sondern gerade auch in schweren Stunden soll Petrus hinter Jesus hergehen und nicht besserwisserisch vorauslaufen. Das soll und wird ihm Sicherheit geben, das schützt vor überstürztem Handeln und gibt Gelassenheit. Das macht ihn zum Felsen und zum großen Petrus. Die Kritik Jesu hilft ihm zu unterscheiden und auch in Krisenzeiten den Halt und die Orientierung in Jesus zu suchen. Allein auf sich selbst gestellt wäre Petrus heillos überfordert.

Petrus hat in Jesus jemanden gefunden, der ihn mit Wohlwollen korrigiert, hilfreich kritisiert und selbst den Weg vorausgeht. Vielen Menschen fehlt dieser Halt. Trotz vollem Bemühen laufen sie in Sackgassen hinein, aus denen sie schwer herauskommen. Gerade in Krisenzeiten besteht dann die Gefahr, einseitig zu werden und nicht mehr rechts und links zu schauen. Wie wichtig wäre es gerade in solchen Zeiten, jemanden an der Seite zu haben, der da ist und vorausgeht und auch Kritisches sagen darf, auch wenn man es im Moment nicht hören will. Petrus konnte im Alltag immer wieder neu anfangen, weil er diese Hilfe in Jesus hatte. Und wir?

Neuanfang nach Krise und Bekehrung

Simon, Simon, der Satan hat verlangt, dass er euch wie Weizen sieben darf. Ich aber habe für dich gebetet, dass dein Glaube nicht erlischt. Und wenn du dich wieder bekehrt hast, dann stärke deine Brüder. Darauf sagte Petrus zu ihm: Herr, ich bin bereit, mit dir sogar ins Gefängnis und in den Tod zu gehen. Jesus erwiderte: Ich sage dir, Petrus, ehe heute der Hahn kräht, wirst du dreimal leugnen, mich zu kennen.

Lukas 22,31–34

„Simon, Simon", so spricht Jesus Petrus zweimal in dieser dramatischen Stunde des Letzten Abendmahles mit Namen an. Bibelkenner wissen und spüren sofort: Bei doppelter Namensnennung geschieht nicht nur Wichtiges für Einzelpersonen, sondern Heilsgeschichte für die ganze Welt. Am brennenden Dornbusch ruft Gott zweimal den Mose und beauftragt ihn, das Volk Israel zu befreien. Mit der Berufung des jungen Samuel beginnt die Zeit der Könige Israels. Die Berufung des Saulus Paulus auf dem Weg nach Damaskus stellt große Weichen für die Geschichte der Christenheit und der ganzen Welt.

Auch jetzt in dieser dramatischen Stunde des Abschieds Jesu ereignet sich eine Sternstunde der Heilsgeschichte, wenn es auch im Moment nicht so aussieht. Die Bibelworte vom Letzten Abendmahl zeigen auf mehreren Ebenen, dass Jesus die entscheidenden Weichen für die Zukunft stellt. Er hinterlässt als sein Testament das große Geschenk der heiligen Messe. Und was hat Simon Petrus damit zu tun?

„Simon, Simon, der Satan hat verlangt, dass er euch wie Weizen sieben darf." Jesus stellt in dieser Stunde die kommenden Tage in einen großen Zusammenhang. Es geht hier nicht nur um die Stärke und das Versagen einzelner Menschen, sondern um den Kampf zwischen Gut und Böse. Petrus sieht in diesem Moment alles nur aus seiner beschränkten Perspektive und ist noch überzeugt, alles im Griff zu haben: „Herr, ich bin bereit, mit dir sogar ins Gefängnis und in den Tod zu gehen." Bald wird ihn die Realität eines Besseren belehren.

Es ist für viele Menschen ermutigend, wie die Bibel das Scheitern und den folgenden Neuanfang des Petrus schildert. Sie verschweigt die Feigheit des Petrus nicht, sondern erzählt, wie er im Ölgarten neben dem ringenden Jesus einschläft, wie er Jesus dreimal verleugnet und leider auch unter dem Kreuz Jesu fehlt. Wahrlich keine Heldentaten! Ich frage mich manchmal, wie der Neubeginn nach dieser großen Krise überhaupt möglich war. Was ist geschehen? Woher hat Petrus die Kraft, nicht für immer unterzutauchen und enttäuscht in den altbewährten Fischerberuf zurückzukehren?

Die Schilderung, wie und warum Petrus den Neuanfang schafft, mag auch uns motivieren, nach Krisen einen Neustart zu wagen. Lukas beschreibt die Hilfestellungen für Petrus bereits beim Letzten Abendmahl. Jesus betont, dass er für Petrus gebetet hat: „Ich aber habe für dich gebetet, dass dein Glaube nicht erlischt." Wer möchte ein Fürbittgebet Jesu missen und nicht flehend noch hinzufügen: „Bete weiterhin für mich!" Nach den stärkenden Worten des Fürbittgebetes verharmlost Jesus die kommenden Fehler des Petrus nicht. Eine Bekehrung wird notwendig und Not wendend sein. Auch diese wird bereits beim Letzten Abendmahl angedeutet. Gerade dieser Petrus mit seinen Ecken und Kanten soll nach dem Willen Jesu nach der Bekehrung seine Brüder und Schwestern stärken. Er erhält jetzt schon das Vertrauen und den Auftrag Jesu.

Johannes 21,1–23 schildert, wie der Auferstandene dem Petrus unter die Arme greift und so den Neustart ermöglicht. Nach der vermeintlichen Katastrophe des Kreuzes kehren die Jünger zum Gewohnten zurück und werden wieder Fischer am See Genesareth. Das Gewohnte gibt ihnen Sicherheit und die langjährige Erfahrung als Fischer hilft ihnen dabei. „Aber in dieser Nacht fingen sie nichts" (Johannes 21,3). Auf Geheiß

nochmals beginnen

Jesu fahren die Jünger nach dem bereits angebrochenen Morgen nochmals hinaus, obwohl diese Tageszeit wenig Erfolg verspricht. Sie tun es trotzdem, vertrauen dem Unbekannten, fangen viele Fische und siehe da: Bei der Rückkehr ans Land stehen am Kohlenfeuer schon Fisch und Brot zum Essen bereit. Dieser Überraschung folgt eine weitere, mit der Johannes die zarten Schritte des Neuanfangs Petri in einer ganz besonderen Weise beschreibt. Am Kohlenfeuer fragt Jesus den Petrus dreimal nach seiner Liebe. Unausgesprochen klingt durch das dreimalige Fragen die Erinnerung an das Kohlenfeuer im hohepriesterlichen Palast an, bei dem Petrus den Herrn dreimal verleugnet hat. Petrus ist inzwischen demütiger geworden und stammelt dreimal: „Herr, du weißt, dass ich dich liebe." Beim Letzten Abendmahl waren seine Worte noch prahlerisch: „Herr, ich bin bereit, mit dir sogar ins Gefängnis und in den Tod zu gehen" (Lukas 22,33). Am Kohlenfeuer fängt Petrus wieder Feuer. Der Ruf Jesu „Folge mir nach" gibt ihm die letzte Ermutigung. Ohne die Vergangenheit zu verleugnen oder auszulöschen, bricht er wieder auf und geht weiter. Spannend wie damals bei der Berufung am See Genesareth!

Tu es Christus. Das Wissen und Bekenntnis, dass Jesus wahrlich der Christus ist, wird den Fels Petrus zu großen Taten motivieren und unzählige Schritte bis nach Rom möglich machen. „Tue es, Christus" wird er dabei wohl in vielen Stunden gebetet haben. Die große Vision vom Reich Gottes und die alltägliche Motivation durch den Glauben machen bei diesem einfachen Menschen Unmögliches möglich. Er hat die Kraft, nach dem Fallen nicht liegen zu bleiben, sondern wieder aufzustehen. Der Apostel Petrus ist für mich ein Mensch, bei dem das Bekenntnis zu Jesus, die Bitte um Hilfe und das eigene Tun einen positiven Dreiklang ergeben, der sein Leben spannend hält.

Das besondere Wort

*Du Gott der Anfänge, segne uns, wenn wir deinen Ruf hören,
wenn deine Stimme uns lockt zu Aufbruch und Neubeginn.*

*Du Gott der Anfänge, behüte uns, wenn wir loslassen und
Abschied nehmen, wenn wir dankbar zurückschauen auf
Segen und Ernte der gemeinsamen Zeit.*

*Du Gott der Anfänge, lass dein Angesicht leuchten über uns,
wenn wir in Vertrauen und Zuversicht einen neuen Schritt
wagen auf dem Weg unseres Glaubens.*

*Du Gott der Anfänge, sei uns gnädig, wenn Angst uns befällt
vor dem Tor in ein unbekanntes Land,
wenn wir Schutz suchen bei dir vor den Stürmen der Nacht.*

*Du Gott der Anfänge, lege dein Angesicht auf uns,
wenn unser Herz sich sehnt nach Wärme und Glück,
nach Freundschaft und Begegnung.
Lass den Segen deines Lichtes mit uns sein.*

*Du Gott der Anfänge, schenke uns Frieden,
wenn der eigene Weg uns aufwärts führt,
wenn wir Lebewohl sagen.
Lass die Blumen blühen für jede/n von uns,
lass Wind uns den Rücken stärken
und die Sonne warm auf das Gesicht scheinen,
wo immer wir gehen.*

*Du Gott der Anfänge,
schenke uns ein gutes Leben!*

Irisches Segensgebet

Mit Andreas konsequent sein

Am Tag darauf stand Johannes wieder dort, und zwei seiner Jünger standen bei ihm. Als Jesus vorüberging, richtete Johannes seinen Blick auf ihn und sagte: Seht, das Lamm Gottes! Die beiden Jünger hörten, was er sagte, und folgten Jesus. Jesus aber wandte sich um, und als er sah, dass sie ihm folgten, fragte er sie: Was wollt ihr? Sie sagten zu ihm: Rabbi – das heißt übersetzt: Meister –, wo wohnst du? Er antwortete: Kommt und seht! Da gingen sie mit und sahen, wo er wohnte, und blieben jenen Tag bei ihm; es war um die zehnte Stunde. Andreas, der Bruder des Simon Petrus, war einer der beiden, die das Wort des Johannes gehört hatten und Jesus gefolgt waren. Dieser traf zuerst seinen Bruder Simon und sagte zu ihm: Wir haben den Messias gefunden. Messias heißt übersetzt: der Gesalbte (Christus). Er führte ihn zu Jesus. Jesus blickte ihn an und sagte: Du bist Simon, der Sohn des Johannes, du sollst Kephas heißen. Kephas bedeutet: Fels (Petrus).

Johannes 1,35–42

Ein Religionslehrer an einem Tiroler Gymnasium besprach im Unterricht verschiedene Bibelstellen. Da meinte ein Schüler: „Ich kenne diese Texte und habe sie schon oft gehört, aber sie berühren mich nicht." Darauf fragte der Lehrer: „Hast du eine Ahnung, warum sie dich nicht berühren?" Der Schüler antwortete: „Vielleicht deswegen, weil ich Angst habe, dass ich mich dann ändern müsste."

Der ehrliche Schüler erkennt an sich selbst eine Lebenshaltung, die viele Menschen zutiefst prägt: Ich lehne etwas innerlich ab, um mich einer Situation nicht stellen zu müssen. Ein Anliegen hat bei mir keine Chance, weil ich nicht nachfragen will, was dahintersteckt. Ich schimpfe über die Eigenschaften eines Nachbarn und merke nicht, dass ich ähnliche Schwächen habe.

Im Unterschied zu diesen oft sogar reflexartigen Handlungen ist der Apostel Andreas nicht nur offen für Neues, sondern auch bereit, sich darauf einzulassen.

Konsequent wie Andreas

„Das ist ein konsequenter Mensch." „Ihre Konsequenz möchte ich haben!" So sprechen wir achtungsvoll über Menschen. Sie haben nicht nur etwas für richtig erkannt, sondern setzen es auch Schritt für Schritt um. Sie geben nicht sofort auf oder bleiben bereits beim Planen stecken. Konsequente Menschen zeigen Ausdauer und müssen nicht sofort die Früchte ihrer Anstrengung sehen. Sie setzen das lateinische Wort *consequor* (= nachfolgen, erreichen, gewinnen) in die Tat um, indem sie ihrem Ideal nachfolgen und durch ihre Konsequenz vieles erreichen.

Die Berufung und einige Ereignisse aus dem Leben des Apostels Andreas zeigen musterhaft, wie gelebte Konsequenz zum eigenen Gewinn und gleichzeitig zum Vorteil für andere Menschen wird.

Es fällt auf, dass wir im Matthäus-, Markus- und Lukasevangelium sehr wenig über diesen Apostel erfahren. Dort wird uns kein einziges Wort von ihm überliefert, Andreas scheint mehr ein Mann der Tat zu sein als der großen Worte. Er stammt aus Betsaida, ist wie Petrus von Beruf Fischer und wird zusammen mit diesem von Jesus in die Nachfolge berufen. Gemäß Markus 1,29 wohnt er mit Petrus in einem Haus in Kafarnaum, in dem auch die Schwiegermutter des Petrus lebt. Andreas kommt in allen Aufzählungen der zwölf Apostel vor, bleibt aber im Schatten seines Bruders Petrus. Einzig der Bericht von der Heilung der Schwiegermutter des Petrus (Markus 1,29–31) und die Begebenheit, bei der Jesus zusammen mit der Vierergruppe Petrus, Jakobus, Johannes und Andreas am Ölberg sitzt und über das Weltende redet (Markus 13,3), deuten auch in den synoptischen Evangelien darauf hin, dass Andreas innerhalb der Zwölfergemeinschaft eine wichtige Rolle hat. Gemäß der christlichen Tradition wirkt Andreas nach Jesu Tod in den unteren Donauländern und in Trakien und Griechenland. Um 60 n. Chr. stirbt er als Märtyrer in der Stadt Patras in Griechenland. Im 10. Jahrhundert kommt die Überlieferung auf, dass sein Kreuz die Form eines „X" hatte (Andreaskreuz; das „X" ist im Griechischen der Anfang des Wortes Christus). Nachdem Andreas Jesus schon bei der ersten Begegnung als Christus erkannt hat, gibt die Form seines Kreuzes endgültig Zeugnis von dieser großen Erkenntnis.

Im Johannesevangelium erhält der Apostel Andreas ein klares Profil. Die Art seiner Berufung (Johannes 1,35–42) und seine beiden Vermittlertätigkeiten bei der Speisung der Fünftausend (Johannes 6,1–15) und bei Gesprächen in Jerusalem (Johannes 12,20–26) machen ihn einzigartig und zeigen seine wichtige Rolle auf.

Mich fasziniert das erste Kennenlernen zwischen Jesus und Andreas. Andreas und ein namentlich unbekannter

Johannesjünger zeigen dort eine gesunde Neugierde und folgen einfach den Spuren Jesu. Was wollen sie damit erreichen? Tut man so etwas überhaupt? Warum gehen sie einfach hinter Jesus her? Auf die Frage Jesu „Was wollt ihr?" (wörtlich übersetzt „Was sucht ihr?") antworten sie mit der Gegenfrage „Wo wohnst du?" und nehmen Jesu Einladung ganz selbstverständlich an. Sie bleiben den ganzen Tag bei Jesus. Was werden sie an diesem Tag geredet haben, was haben sie gesehen, welche Gedanken sind ihnen gekommen? Wir wissen es nicht, aber sie dürften sich viel Zeit genommen und die einmalige Chance genützt haben. Sie hätten ja auf die Einladung auch antworten können: „Im Moment haben wir keine Zeit, aber vielleicht später einmal" oder auf heute übersetzt: „Kannst du uns eine SMS schicken oder eine Broschüre, in der deine wichtigsten Anliegen kurz zusammengefasst sind." Nein, Andreas und der unbekannte Jünger suchen den direkten Kontakt.

Der Evangelist Johannes berichtet, dass Andreas zunächst zum Jüngerkreis von Johannes dem Täufer gehört und dann in die Nachfolge Jesu wechselt. Erinnert das nicht an unentschlossene Menschen, die ständig Kontakte wechseln und nirgends lange bleiben? Zwei Beobachtungen zeigen, dass Andreas nicht zu diesem Menschentyp gehört: Zunächst fällt auf, dass der Täufer selbst die Aufmerksamkeit auf Jesus richtet und ihn als das Lamm Gottes bezeichnet. Seine beiden Jünger hören diese Worte des Meisters und spüren, dass der Unbekannte wichtiger ist als ihr eigener Meister. Sie folgen ihrer Sehnsucht und ihrem Bedürfnis, allem auf den Grund zu gehen. Sie werden sofort belohnt und erleben Jesus als den verheißenen Messias. „Wir haben den Messias gefunden", wird Andreas bald voll Stolz zu seinem Bruder Simon Petrus sagen. Die hohe Erwartung nach dem kommenden Messias, die im Umfeld von Johannes dem Täufer spürbar war, scheint jetzt in Erfüllung zu gehen.

Nicht alle konsequenten Menschen erhalten sofort den Lohn ihrer Mühen. Oft braucht ihre Ausdauer wie bei einem Labyrinth viele Schleifen und Neuansätze, bis sie am Ziel angelangt sind. Das ist ja genau das Geheimnis ihrer Konsequenz: Schritt für Schritt gehen in ganz kleinen Etappen, aber auf keinen Fall liegen bleiben oder rückwärts gehen. Es ist dabei kein großes Problem, wenn wir einmal fallen, wohl aber, wenn wir liegen bleiben und nicht mehr weitergehen.

Andreas als konsequenter Vermittler

Danach ging Jesus an das andere Ufer des Sees von Galiläa, der auch See von Tiberias heißt. Eine große Menschenmenge folgte ihm, weil sie die Zeichen sahen, die er an den Kranken tat. Jesus stieg auf den Berg und setzte sich dort mit seinen Jüngern nieder. Das Pascha, das Fest der Juden, war nahe. Als Jesus aufblickte und sah, dass so viele Menschen zu ihm kamen, fragte er Philippus: Wo sollen wir Brot kaufen, damit diese Leute zu essen haben? Das sagte er aber nur, um ihn auf die Probe zu stellen; denn er selbst wusste, was er tun wollte. Philippus antwortete ihm: Brot für zweihundert Denare reicht nicht aus, wenn jeder von ihnen auch nur ein kleines Stück bekommen soll. Einer seiner Jünger, Andreas, der Bruder des Simon Petrus, sagte zu ihm: Hier ist ein kleiner Junge, der hat fünf Gerstenbrote und zwei Fische; doch was ist das für so viele! Jesus sagte: Lasst die Leute sich setzen! Es gab dort nämlich viel Gras. Da setzten sie sich; es waren etwa fünftausend Männer. Dann nahm Jesus die Brote, sprach das Dankgebet und teilte an die Leute aus, so viel sie wollten; ebenso machte er es mit den Fischen. Als die Menge satt war, sagte er zu seinen Jüngern: Sammelt die übriggebliebenen Brotstücke, damit nichts verdirbt. Sie sammelten und füllten zwölf Körbe mit den Stücken, die von den fünf Gerstenbroten nach dem Essen übrig waren. Als die Menschen das Zeichen sahen, das er getan hatte, sagten sie: Das ist wirklich der Prophet, der in die Welt kommen soll. Da erkannte Jesus, dass sie kommen würden, um ihn in ihre Gewalt zu bringen und zum König zu machen. Daher zog er sich wieder auf den Berg zurück, er allein.

Johannes 6,1–15

Johannes berichtet, wie Andreas die Fäden im Hintergrund zieht. Nachdem er Jesus schon bei der ersten Begegnung als Messias erkannt hat, begeistert er seinen Bruder Petrus und führt ihn zu Jesus. Andreas will das Erkannte nicht allein für sich behalten, er will es teilen. Geteilte Freude ist doppelte Freude. Nachdem Andreas seinen Bruder zu Jesus geführt hat, steht Petrus im Vordergrund und der Erstberufene tritt in die zweite Reihe zurück. Das scheint für Andreas kein Problem zu sein, die Bibel jedenfalls berichtet nichts von Rivalität und Eifersucht unter den beiden Brüdern.

Bei der Speisung der vielen Menschen wird Andreas zum großen Vermittler. Wie sollen die vielen Menschen etwas zum Essen bekommen? Da meldet sich der aufmerksame Andreas zu Wort: „Hier ist ein kleiner Junge, der hat fünf Gerstenbrote und zwei Fische." Jesus greift den Vorschlag des Andreas auf und ermöglicht, dass nicht nur alle Menschen satt werden, sondern sogar zwölf Körbe übrig bleiben. Wer hätte das erwartet! Andreas wird bei diesem Erlebnis wieder einmal geahnt haben, dass Jesus wirklich der Messias ist. Hat er mit etwas Stolz auf seine Mithilfe sogar gespürt, dass es im Leben nicht darum geht, alles allein zu tun und sofort die Lösung für alles zu haben? Vermittler und Netzwerker wie Andreas vertrauen auf das hilfreiche Miteinander verschiedener Menschen. Sie sind keine sturen Einzelgänger, die nur den eigenen Vorteil im Sinn haben.

Gute Vermittler handeln nicht nur aufgrund des Beifalls der Menge. Gerade in Kapitel 6 beschreibt Johannes das Verhalten der Volksmassen sehr differenziert. Viele Menschen, auch viele Jünger sehen zwar Zeichen, aber verstehen sie nicht. Sie murren über Jesus und wenden sich von ihm ab. Wir wissen nicht, wie Andreas das Verhalten der Menschenmassen in jenen Stunden empfunden hat. Die Frage der eigenen Entscheidung bleibt auch ihm nicht erspart. „Da fragte Jesus die Zwölf: Wollt auch ihr weggehen? Simon Petrus antwortete ihm: Herr, zu wem sollen wir gehen? Du hast Worte des ewigen Lebens" (Johannes 6,67–68). Gut für Andreas, dass er nicht alles selber tun muss. Sein Bruder Petrus redet, Andreas ist ein Mann der schlichten Tat.

Nach dem messianischen Einzug Jesu in Jerusalem (Johannes 12,12–19) gelingt es Andreas nochmals, Menschen zu vernetzen und ein Gespräch zwischen ihnen zu ermöglichen. Zum bevorstehenden Paschafest sind auch „Griechen" gekommen. Gemeint sind damit griechisch sprechende Gottesfürchtige, die keine Juden sind, aber den jüdischen Gottesglauben teilen und auch einige mosaische Verpflichtungen erfüllen. Sie hören von Jesus und wollen ihn sprechen, aber wie können sie das erreichen? Sie wenden sich an den Apostel Philippus, immerhin trägt dieser einen griechischen Namen. Philippus weiß wie schon zuvor bei der Speisung der Volksmenge keine Lösung und sucht bei Andreas Rat und Hilfe. Gemeinsam gehen sie zu Jesus: „Andreas und Philippus gingen und sagten es Jesus" (Johannes 12,22). Hätten die Griechen ohne die Hilfe des Andreas eine Chance gehabt, zu Jesus zu kommen?

Es ist motivierend, in der Bibel zu lesen, wie Andreas als begabter Vermittler und Ansprechpartner handelt. Seine Nähe bedroht niemanden, sondern fördert den Mut zum eigenen Handeln. Mit ihm kommt es nicht zum Macht- oder Geltungskampf. Er hilft nicht nur, um den Applaus der Menge zu haben. Andreas hat seinen Weg gefunden und muss sich nicht dauernd mit Persönlichkeiten wie Petrus vergleichen. Auch das ist Konsequenz. Ich wünsche Menschen, die Jesus suchen, einen Ansprechpartner wie Andreas, der sie zu Jesus führt.

Das besondere Wort

Ich wünsche dir Kraft
für deine Ziele zu kämpfen, allen Hindernissen zum Trotz
an deine Fähigkeiten zu glauben,
allen Misserfolgen zum Trotz
deine Grenzen zu akzeptieren,
allen hochfliegenden Erwartungen zum Trotz
deiner Berufung zu folgen, allen Zweifeln zum Trotz
deine Gelassenheit zu bewahren,
allen Widrigkeiten zum Trotz
dich deines Lebens zu freuen,
allen Schicksalsschlägen zum Trotz.

Gisela Baltes

Mit Lydia Gastfreundschaft pflegen

Von dort gingen wir nach Philippi, in eine Stadt im ersten Bezirk von Mazedonien, eine Kolonie. In dieser Stadt hielten wir uns einige Tage auf. Am Sabbat gingen wir durch das Stadttor hinaus an den Fluss, wo wir eine Gebetsstätte vermuteten. Wir setzten uns und sprachen zu den Frauen, die sich eingefunden hatten. Eine Frau namens Lydia, eine Purpurhändlerin aus der Stadt Thyatira, hörte zu; sie war eine Gottesfürchtige, und der Herr öffnete ihr das Herz, so dass sie den Worten des Paulus aufmerksam lauschte. Als sie und alle, die zu ihrem Haus gehörten, getauft waren, bat sie: Wenn ihr überzeugt seid, dass ich fest an den Herrn glaube, kommt in mein Haus, und bleibt da. Und sie drängte uns.

Vom Gefängnis aus gingen die beiden zu Lydia. Dort fanden sie die Brüder, sprachen ihnen Mut zu und zogen dann weiter.

Apostelgeschichte 16,12–15.40

„Wie heißt die erste namentlich bekannte Christin Europas?" So lautete vor Jahren die zentrale Frage in einer bekannten österreichischen Quizshow. Es ist die Purpurhändlerin Lydia, geboren in Thyatira, einer Stadt in Lydien in Kleinasien. Ihr Name Lydia bedeutet nichts anderes als „die Lydierin". Lydia scheint aufgrund ihres Berufes als Purpurhändlerin von der Purpurstadt Thyatira nach Philippi übersiedelt zu sein. Sie steht als Frau einer großen Hausgemeinschaft vor. Gerade im Blick auf die damals patriarchale Gesellschaft fällt dies auf und deutet auf einen größeren Besitz hin. Sie ist keine geborene Jüdin, wohl aber als gottesfürchtige Frau Sympathisantin des Gottes Israels und seiner Gesetze. Wir wissen nicht, ob Lydia verheiratet oder ledig war.

Der Apostel Paulus erwähnt in seinem Brief an die Philipper (geschrieben circa fünf Jahre nach seiner Ankunft in Philippi) lobend die beiden Frauen Evodia und Syntyche, nennt aber auffälligerweise nirgends Lydia: Ist sie aufgrund ihres Berufes inzwischen schon wieder weitergezogen?

Privathäuser als Treffpunkt für christliche Gemeinschaften

Zur Zeit des Paulus wohnen in der Stadt Philippi viele römische Kriegsveteranen und bezeichnen sich selbst als Römer (Apostelgeschichte 16,21). Paulus kommt bei seiner zweiten Missionsreise im Jahr 49 oder 50 n. Chr. in diese wichtige Stadt Mazedoniens. Er vermutet eine jüdische Gebetsstätte am Fluss außerhalb der Stadttore und sucht diesen Ort am Sabbat auf. Dort trifft er Frauen, eine von ihnen ist Lydia. „Und der Herr öffnete ihr das Herz, so dass sie den Worten des Paulus aufmerksam lauschte." Für die Apostelgeschichte besteht kein Zweifel, dass Gott selbst ihre Offenheit fördert. Lydia scheint eine entschlossene Frau zu sein. Sie lässt sich sofort mit dem ganzen Haus taufen. Es bleibt nicht nur bei der Taufe, sie lädt Paulus und seine Begleiter nachdrücklich in ihr Haus ein. Dies soll auch ein Beweis dafür sein, dass sie es mit dem christlichen Glauben ernst meint. Die Tatsache, dass Paulus nach dem Gefängnisaufenthalt zielstrebig ins Haus der Lydia zurückkehrt, weist darauf hin, dass er sich dort wohl und sicher fühlte. Gibt es ein besseres Kompliment für erfahrene Gastfreundschaft?

Die große Missionstätigkeit des Paulus wäre nie möglich gewesen, wenn nicht viele Frauen und Männer wie Lydia oder Priska und Aquila ganz selbstverständlich Gastfreundschaft gepflegt hätten und ihre Häuser für christliche Versammlungen zur Verfügung gestellt hätten. Da es bis zur Erlaubnis des christlichen Glaubens unter Kaiser Konstantin noch keine Kirchengebäude gab, waren die christlichen Gemeinden auf solche Privathäuser angewiesen. Die vielen Titularkirchen in Rom sind aus solchen Hausgemeinschaften heraus gewachsen.

Gastfreundschaft in der Bibel

Dass Lydia einen Fremden wie Paulus aufnimmt, steht ganz in der biblischen Tradition. Wie oft lesen wir dort, dass müde Wanderer und Fremde selbstverständlich willkommen geheißen werden. Abraham etwa läuft bei den Eichen von Mamre den drei Gästen entgegen und sagt: „Man wird etwas Wasser holen, dann könnt ihr euch die Füße waschen und euch unter dem Baum ausruhen. Ich will einen Bissen Brot holen, und ihr könnt dann nach einer kleinen Stärkung weitergehen" (Genesis 18,4). Der Dienst an den Gästen steht für Abraham außer Zweifel. Er ahnt noch nicht, dass darin sogar Gottesbegegnung geschenkt wird. „Vergesst die Gastfreundschaft nicht; denn durch sie haben einige, ohne es zu ahnen, Engel beherbergt", bringt es der Hebräerbrief auf den Punkt.

Neben der Stärkung für Leib und Seele gehört zu den grundlegenden Lebensgesetzen der Nomaden, dass sie den Gästen auch Schutz bieten. Lot nimmt die beiden Männer – ohne sie als Engel zu erkennen – in sein Haus auf (Genesis 19,2). Es wäre für ihn unvorstellbar und eine Schande, sie in der Nacht an die aufgebrachten Bewohner von Sodom auszuliefern.

Ja, für die Menschen der Bibel ist Gastfreundschaft ein hoher Wert. Ihr Dienst an den Armen gilt als wahres Fasten (Jesaja 58,7). Fremde aufzunehmen, Hungrige zu speisen und Durstigen zu trinken zu geben zählt zu den Werken der Barmherzigkeit. Die Worte „Auch ihr sollt die Fremden lieben, denn ihr seid Fremde in Ägypten gewesen" (Deuteronomium 10,19) greifen die eigene Erfahrung des Ausgeliefertseins auf und begründen darin ein offenes Verhalten den Fremden gegenüber. Gastfreundschaft ist für biblische Gestalten nicht zuletzt Hinweis dafür, dass unser Leben auf dieser Welt keine fixe Heimat hat. „Wir haben hier keine Stadt, die bestehen bleibt, sondern wir suchen die künftige" (Hebräerbrief 13,14). Da wir auf dieser Welt keine endgültige Heimat haben, ist es umso wohltuender, einen Ort zum Rasten und zur Erholung, aber auch der Sicherheit und Geborgenheit zu erleben. Paulus erfährt dies im Haus der Lydia.

Gastfreundschaft als Modell für Seelsorge

Die Weisheit hat ihr Haus gebaut, ihre sieben Säulen behauen.
Sie hat ihr Vieh geschlachtet, ihren Wein gemischt und schon ihren Tisch gedeckt.
Sie hat ihre Mägde ausgesandt und lädt ein auf der Höhe der Stadtburg:

Wer unerfahren ist, kehre hier ein. Zum Unwissenden sagt sie: Kommt, esst von meinem Mahl, und trinkt vom Wein, den ich mischte.
Lasst ab von der Torheit, dann bleibt ihr am Leben, und geht auf dem Weg der Einsicht!

Sprichwörter 9,1–6

In der Bibel bieten nicht nur Menschen den Dienst der Gastfreundschaft an, sondern sogar die göttliche Weisheit selbst. Das Buch der Sprichwörter beschreibt sie als großzügige Gastgeberin, die ein reichhaltiges Mahl veranstaltet und dazu nicht nur die engsten Freunde einlädt. Sie schickt die Mägde auf die Straßen hinaus, um viele Gäste hereinzuholen (Jesus wird ähnliche Gleichnisse erzählen). Markant ist auch die Tatsache, dass die göttliche Weisheit besonders die Unerfahrenen und Unwissenden umwirbt. Dies geschieht nicht aus Mitleid, sondern aufgrund des Wissens, dass benachteiligte Menschen ihr Leben eher in Griff bekommen, wenn sie Stärkung und Würde erfahren.

„Gäste sind willkommen. Wir freuen uns, wenn sie kommen und auch, wenn sie wieder gehen", so erzählen manchmal Freunde mit einem spöttischen Lächeln. „Ein Fisch und ein Gast beginnen nach drei Tagen zu stinken", sagt ein bekanntes Sprichwort. Hinter diesen Aussagen steckt die Erfahrung, dass wahre Gastfreundschaft keine Einbahnstraße ist, sondern ein gegenseitiges Geben und Nehmen. Damit Gastgeber nicht ausgenützt werden, müssen auch Gäste ihren Beitrag leisten und das Kostbarste mitbringen, nämlich sich selbst mit ihrer Freundschaft, mit ihrem Lachen und ihren Lebensgeschichten. Wenn Gäste und Gastgeber nach einem Treffen das Gefühl haben, dass ihre Freundschaft wieder gestärkt wurde, können sie zu Recht für die geschenkte Zeit dankbar sein. Sie haben die Chance genützt, ins Gespräch zu kommen und dabei nicht immer auf die Uhr zu schauen.

In den letzten Jahrzehnten wurden in unseren Kirchen immer wieder Schwerpunkte gesetzt. Die Idee, Seelsorge als Gastfreundschaft zu verstehen, ermuntert, neue Wege zu gehen, und bietet folgende befreiende und kreative Gedanken für die Seelsorge: Es ist spannend, mit neuen Menschen bekannt zu werden und von ihren Erfahrungen zu lernen. Wer weiß, ob wir in einem Fremden oder in der allzu jungen Mutter nicht Gott begegnen? Das fördert eine Spiritualität der Wachsamkeit und Hochachtung und verhindert, dass unsere Pfarren Organisationsbüros werden. Der Gedanke der Gastfreundschaft nimmt auch den Druck, dass alle Menschen nach einem Erstkontakt für immer und ewig in der Pfarre mitarbeiten müssen. Gäste kommen und gehen und müssen nicht sofort die Sitten des Gastgebers übernehmen. Auch der Gastgeber muss nicht alle Erwartungen der Gäste erfüllen. Seelsorge als Gastfreundschaft weiß, dass der Mensch Nahrung für Leib und Seele braucht. Gerade der moderne Mensch sucht einen Ort, wo er aus der Hektik des Alltags aussteigen und die Seele zur Ruhe kommen lassen kann. Wenn wir in den Pfarren noch perfekter „funktionieren" müssen als am Arbeitsplatz, dann verraten wir die große Zusage Gottes im Psalm 23: „Der Herr ist mein Hirte, nichts wird mir fehlen. Er lässt mich lagern auf grünen Auen und führt mich zum Ruheplatz am Wasser. Du deckst mir den Tisch vor den Augen meiner Feinde. Du salbst mein Haupt mit Öl, du füllst mir reichlich den Becher. Lauter Güte und Huld werden mir folgen mein Leben lang, und im Haus des Herrn darf ich wohnen für lange Zeit." Hier wird kein Leben ohne dunkle Schlucht oder ohne Feinde versprochen, wohl aber ein Platz, wo ich neuen Mut bekomme.

Allgemein geht es bei der Seelsorge als Gastfreundschaft nicht darum, dass unsere Kirchen ein Schlaraffenland oder ein Selbstbedienungsladen für Gratisartikel werden, wohl aber ein Ort, wo Gäste Heimat finden, auch deswegen, weil wir in dieser zerbrechlichen Welt keine endgültige Heimat haben.

Gastfreundschaft und heilige Messe

Als die Stunde gekommen war, begab er sich mit den Aposteln zu Tisch. Und er sagte zu ihnen: Ich habe mich sehr danach gesehnt, vor meinem Leiden dieses Paschamahl mit euch zu essen. Denn ich sage euch: Ich werde es nicht mehr essen, bis das Mahl seine Erfüllung findet im Reich Gottes. Und er nahm den Kelch, sprach das Dankgebet und sagte: Nehmt den Wein, und verteilt ihn untereinander! Denn ich sage euch: Von nun an werde ich nicht mehr von der Frucht des Weinstocks trinken, bis das Reich Gottes kommt. Und er nahm Brot, sprach das Dankgebet, brach das Brot und reichte es ihnen mit den Worten: Das ist mein Leib, der für euch hingegeben wird. Tut dies zu meinem Gedächtnis! Ebenso nahm er nach dem Mahl den Kelch und sagte: Dieser Kelch ist der Neue Bund in meinem Blut, das für euch vergossen wird.

Lukas 22,14–20

Eines meiner Lieblingstischgebete lautet: „Herr Jesus Christus, du hast die Menschen gern eingeladen und dich mit ihnen zusammengesetzt. Mit deinen Jüngern hast du Mahl gehalten und ihnen zu essen und zu trinken gegeben. Komm jetzt auch zu uns und sei bei unserem gemeinsamen

Mahl Gast und Gastgeber. Herr, wir danken dir für deine Güte und Menschenfreundlichkeit." Ich kann das Gebet längst auswendig und bete es gerne am Mittagstisch und genauso bei der heiligen Messe.

Gerade das Lukasevangelium beschreibt Jesus sowohl als Gast als auch als Gastgeber. Mahlszenen sind wie kostbare Perlen auf das ganze Evangelium verteilt und stellen die enge Verbindung zwischen dem täglichen Essen und dem Letzten Abendmahl her. Am stärksten geschieht dies in den sprachlichen Parallelen zwischen der Speisung der fünftausend Menschen (Lukas 9,10–17), dem Mahl der Emmausjünger mit dem Auferstandenen (Lukas 24,13–35) und dem Letzten Abendmahl. Jesus nimmt jeweils das Brot, spricht ein Lob- und Dankgebet, bricht das Brot und verteilt es an die Menschen. Lukas schildert, dass Jesus bei ganz verschiedenen Menschen zu Gast ist: bei Zöllnern wie Levi und Zachäus genauso wie bei namentlich nicht genannten Pharisäern oder bei Freunden wie Maria und Marta. Er zeigt keine Berührungsängste. Die Gelegenheit, Jesus in ihrem Haus aufzunehmen, erfahren Außenseiter als Wertschätzung und Motivation zur Umkehr, ihm selbst bringen sie den Vorwurf „Fresser und Säufer" ein (Lukas 7,34).

Im Blick auf die heilige Messe ist es für mich beruhigend, dass Jesus selbst der Gastgeber ist. Dies nimmt den Druck, das Wunder der heiligen Messe selbst bewirken zu müssen. Wir stellen nur dar und sollen weder urteilen noch entscheiden, wer kommen darf und wer nicht. Kurz vor seinem Tod meinte Kardinal Carlo Maria Martini in einem Interview: „Für wen sind die Sakramente? Sie sind ein Heilmittel. Die Sakramente sind keine Instrumente zur Disziplinierung, sondern eine Hilfe für die Menschen an den Wendepunkten und in den Schwächen des Lebens. … Die Einladung, zur Kommunion zu gehen und das Brot des

Himmels zu empfangen, richtet sich an die Suchenden und Bedürftigen. Das ist kein Anbiedern, sondern ein selbstbewusstes Angebot der Kirche im Wissen darum, dass bei Gott nichts unmöglich ist."[7]

Im Blick auf die großen Zusammenhänge zwischen Alltag und heiliger Messe frage ich mich manchmal: Kann jemand heilige Messe feiern und genießen, der daheim schnell zwischendurch isst oder beim Essen zehnmal aufsteht und ständig telefoniert? Gelten die Werte der menschlichen Gastfreundschaft und Tischkultur nicht auch für unsere Gastfreundschaft Gott gegenüber? Zeit und Muße haben, Zuhören und Reden, in Aufmerksamkeit dem Gast zugewendet sein. Damit Gott bei uns einkehren kann. Umgekehrt sollte die gottesdienstliche Mahlkultur auch unsere alltäglichen Mahlzeiten prägen: Gemeinschaft statt Einsamkeit, Muße statt Hetze, Zuhören und Reden statt Sprachlosigkeit. Dann wird Gott auch in unserem Alltag zu Gast sein.

Das besondere Wort

Der Herr segne und behüte euch,
er gebe euch, was ihr zum Leben braucht.
Er wende sein Angesicht euch zu
in jedem Menschen, der euch zum Gast wird,
den ihr willkommen heißt.
Er erweise euch Barmherzigkeit,
damit mit den Türen der Häuser auch eure Herzen geöffnet werden.

---

7 Das gesamte Interview war Beilage im Tiroler Sonntag am 27.9.12 unter dem Titel: zeitLese. Kardinal Carlo M. Martini, „Er war ein Mann Gottes"; andere Quelle: http://www.concordia.or.at/images/pdf/cw_artikel_2.pdf am 17. 9. 2012.

Und schenke euch seinen Frieden,
der dort beginnt, wo Menschen zueinander kommen
und voneinander erzählen.

Autor unbekannt

Mit den Korinthern
christliche Gemeinschaft bauen

Korinth ist im 1. Jahrhundert n. Chr. eine moderne und vielseitige Stadt, die von der Architektur und auch Bevölkerung her römisch geprägt ist. Sie ist inzwischen die Hauptstadt der römischen Provinz Achaia und hat Athen oder Sparta längst überflügelt. Die beiden Häfen Lechaion und Kenchreai ermöglichen gute Handelsbeziehungen und bringen Reichtum. Viele Kriegsveteranen wohnen als Neuansiedler hier und bilden mit den Griechen und Zuwanderern aus den östlichen Teilen des Römischen Reiches eine bunte Mischung vieler Völker und Religionen. Die Einwohnerzahl beträgt vermutlich 100.000 Leute, wobei der Anteil der Sklaven mit einem Drittel sehr hoch ist. Unter den Einwohnern befindet sich auch eine starke jüdische Gruppe.

Mitten in dieser Stadt lebt eine kleine Gemeinschaft von Christen, die aus einigen Hauskirchen besteht und wohl höchstens 200 Mitglieder zählt. Die Apostelgeschichte beschreibt die Gründungsjahre der Christengemeinde folgendermaßen: Paulus kommt nach Korinth, trifft dort das Ehepaar Aquila und Priszilla und baut mit ihnen eine Hausgemeinde auf. Ein markantes Ereignis der eineinhalb Jahre, in denen Paulus in Korinth bleibt, ist der Übertritt des Synagogenvorstehers Krispus zur christlichen Gemeinschaft. Im Laufe der Amtszeit des römischen Prokonsuls Gallio (51 bis 52 n. Chr.) versuchen Juden, Paulus vor den Richterstuhl zu bringen. Gallio lässt sich im Gegensatz zu Pilatus nicht von innerjüdischen Streitereien vereinnahmen und weigert sich, Paulus zu verurteilen. Nach dem Weggang aus Korinth bleibt Paulus mit den Christen dieser Stadt in regem Kontakt. Menschen reisen als Boten hin und her, Paulus schreibt Briefe, es erfolgt wenigstens ein weiterer Besuch. Die beiden Korintherbriefe entstehen nicht als theologische Abhandlung am grünen Tisch, sondern sind Antworten auf konkrete Fragen und Probleme.

So geben diese in besonderer Form Zeugnis davon, wie Paulus situationsbezogen auf Probleme eingeht und wie er Gemeinschaft begründet. Seine Überlegungen, wie das Miteinander zwischen Arm und Reich, zwischen Männern und Frauen oder zwischen fehlerhaften und scheinbar fehlerlosen Menschen aussehen kann, bleiben wertvolle Anregungen auch für uns Menschen des 21. Jahrhunderts.

Der Geist Gottes als Atem und Christus als Mitte

Denn wie der Leib eine Einheit ist, doch viele Glieder hat, alle Glieder des Leibes aber, obgleich es viele sind, einen einzigen Leib bilden: So ist es auch mit Christus. Durch den einen Geist wurden wir in der Taufe alle in einen einzigen Leib aufgenommen, Juden und Griechen, Sklaven und Freie; und alle wurden wir mit dem einen Geist getränkt.

Auch der Leib besteht nicht nur aus einem Glied, sondern aus vielen Gliedern. Wenn der Fuß sagt: Ich bin keine Hand, ich gehöre nicht zum Leib!, so gehört er doch zum Leib. Und wenn das Ohr sagt: Ich bin kein Auge, ich gehöre nicht zum Leib, so gehört es doch zum Leib. Wenn der ganze Leib nur christliche Gemeinschaft bauen 173

Auge wäre, wo bliebe dann das Gehör? Wenn er nur Gehör wäre, wo bliebe dann der Geruchssinn? Nun aber hat Gott jedes einzelne Glied so in den Leib eingefügt, wie es seiner Absicht entsprach. Wären alle zusammen nur ein Glied, wo bliebe dann der Leib? So aber gibt es viele Glieder und doch nur einen Leib. Das Auge kann nicht zur Hand sagen: Ich bin nicht auf dich angewiesen. Der Kopf kann nicht zu den Füßen sagen: Ich brauche euch nicht. Im Gegenteil, gerade die schwächer scheinenden Glieder des Leibes sind unentbehrlich. Denen, die wir für weniger edel ansehen, erweisen wir umso mehr Ehre, und unseren weniger anständigen Gliedern begegnen wir mit mehr Anstand, während die anständigen das nicht nötig haben. Gott aber hat den Leib so zusammengefügt, dass er dem geringsten Glied mehr Ehre zukommen ließ, damit im Leib kein Zwiespalt entstehe, sondern alle Glieder einträchtig füreinander sorgen. Wenn darum ein Glied leidet, leiden alle Glieder mit; wenn ein Glied geehrt wird, freuen sich alle anderen mit ihm. Ihr aber seid der Leib Christi, und jeder Einzelne ist ein Glied an ihm.

1 Korinther 12,12–27

Spätestens bei Zahnschmerzen merken wir, dass ein einzelner Körperteil all unser Tun und Fühlen beherrschen kann. Deshalb ist es für alle Menschen nachvollziehbar, wenn Paulus mit dem Bild des Leibes und den vielen Gliedern um gegenseitiges Miteinander und Füreinander wirbt. So möchte ich in einem ersten Schritt dieses vertraute Bild deuten und anschließend schauen, welche Interpretationshilfen Paulus bietet und welche spezifischen Aussagen er davon ableitet:[8]

---

8 Viele der Anregungen verdanke ich den Vorlesungen von Prof. Martin Hasitschka SJ.

Der Vergleich einer Gemeinschaft mit dem menschlichen Leib unterstreicht, dass niemand allein leben kann, und hilft, auf zwei Gefahren im menschlichen Zusammenleben hinzuweisen. Da gibt es zunächst die Tendenz zur inneren und äußeren Distanzierung von der Gemeinschaft. Menschen sind unzufrieden mit ihrer konkreten Rolle in der Gruppe und fühlen sich zurückgesetzt gegenüber jenen, die anscheinend bessere Gaben erhalten haben. Das Gefühl, nicht voll zur Gemeinschaft zu gehören, ist eine logische Folge und aktives Lostrennen von der Gruppe leider oft der nächste Schritt. Viele werden dadurch zu Einzelgängern und suchen keine Zusammenarbeit mehr mit anderen. Die andere Gefahr im menschlichen Zusammenleben besteht in der Tendenz zur Gleichmachung. Alles muss vereinheitlicht, nach demselben Maßstab organisiert und beurteilt werden.

Diese Gefahren sind dem Paulus wohl aus verschiedenen Gemeinden bekannt. Im Brief an die Korinther verwendet er das Bild vom Leib und den Gliedern sicher mit Absicht. Dass die anscheinend schwachen Glieder genauso benötigt werden, schreibt Paulus motivierend den sozial Schwachen ins Herz. Die Gefahr der Gleichmachung hält er vorwiegend den starken Mitgliedern der Gemeinschaft als Spiegel vor. Paulus, der große Kenner der menschlichen Psyche, schließt die ausführlichen Gedanken zum Leib mit dem Hinweis auf die Solidarität aller sowohl im Leiden als auch in der Freude: „Wenn darum ein Glied leidet, leiden alle Glieder mit; wenn ein Glied geehrt wird, freuen sich alle anderen mit ihm." Er weiß, wie empfindlich und verletzlich jedes Gemeinschaftsgefüge ist.

Das Bild vom Leib und den Gliedern wird in der Literatur der griechisch-römischen Umwelt bereits Jahrhunderte vor Paulus verwendet, z. B. bei Platon und Seneca oder in einer Fabel des Menenius Agrippa. Dort dient es merkwürdigerweise vorwiegend dazu, die bestehenden gesellschaftlichen und politischen Ordnungen festzuschreiben und z. B. den Sklaven zu sagen, sie sollten mit ihrer Rolle zufrieden sein. Für Paulus ergeben sich ganz andere Konsequenzen und Ziele. Dies gelingt ihm, indem er den Geist Gottes sozusagen als Atem für den Leib und Jesus Christus als die zusammenhaltende Mitte schildert. Es zahlt sich aus, die oft komplizierten Paulustexte genauer zu betrachten und dabei seine tiefe und alles vernetzende Theologie zu ergründen.

Zunächst zum Geist Gottes: Paulus verbindet im Korintherbrief das Bild vom Leib und den vielen Gliedern gezielt mit Aussagen vom Geist Gottes und den Charismen. Er stellt formale Zusammenhänge her, indem er unmittelbar vor und nach den Gedanken zum Leib von den Charismen spricht. Allein dadurch wird schon erkennbar, dass der Geist Gottes und die verschiedenen Charismen für den Leib eine wichtige Rolle spielen. „Das alles bewirkt ein und derselbe Geist; einem jeden teilt er seine besondere Gabe zu, wie er will" (1 Korinther 12,11). Der Geist Gottes lässt sich demnach mit dem Atem vergleichen, durch den menschliches Leben erst möglich ist. Ohne Atem würde uns die Luft ausgehen und der Leib sofort sterben.

Die Verbindung des Leibes mit Jesus Christus wird im Korintherbrief zunächst sehr allgemein ausgedrückt: „Denn wie der Leib eine Einheit ist, doch viele Glieder hat, alle Glieder des Leibes aber, obgleich es viele sind, einen einzigen Leib bilden: So ist es auch mit Christus." Am Ende der Aussagen zum Leib stellt Paulus den Zusammenhang nochmals her: „Ihr aber seid der Leib Christi, und jeder Einzelne ist ein Glied an ihm." Auch im Römerbrief verknüpft Paulus unmittelbar hintereinander Gedanken vom Leib (Römer 12,4–5) und von den Charismen (Römer 12,6–8). Die dortigen Worte, dass „wir, die vielen, ein Leib in Christus sind" (Römer 12,5), drücken die Rolle Jesu um vieles klarer aus als die beiden Formulierungen im Korintherbrief. In den nachpaulinischen Briefen wird Jesus als das Haupt des Leibes und die Kirche als der Leib bezeichnet (Epheser 1,22–23; 4,15–16; 5,23; Kolosser 1,18). Dadurch bekommt das Gleichnis hierarchischen Charakter.

Für Paulus sind die Verbindungen des Leibes zum Geist Gottes und zu Jesus nicht nur theologische Spekulationen, sondern haben handfeste Konsequenzen: Erst der Geist ermöglicht das Miteinander der ganz verschiedenen Menschen: „Durch den einen Geist wurden wir in der Taufe alle in einen einzigen Leib aufgenommen, Juden und Griechen, Sklaven und Freie; und alle wurden wir mit dem einen Geist getränkt." In einer christlichen Gemeinschaft geht es demnach nicht nur um einen Zusammenschluss von Gleichgesinnten, sondern um vieles mehr. Aus Menschen mit verschiedener Bildung, Herkunft oder unterschiedlichem gesellschaftlichen Stand entsteht ein Leib, in dem einer den anderen ergänzt und kein Gegeneinander der Glieder ausbricht. „Ist das wirklichkeitsnah?", fragen viele Menschen zu Recht. Der Realist Paulus sagt „ja", aber nicht deswegen, weil die Christen besser sind, sondern weil das Miteinander durch das Wirken Jesu Christi ermöglicht wird.

Die Tatsache, dass Gemeinschaft über alle sozialen, kulturellen und religiösen Grenzen hinweg nur mit Jesus Christus gelingt, möchte ich anhand des Bildes eines Wagenrades unterstreichen. Die einzelnen Speichen sind wichtig und geben dem Rad die notwendige Spannung. Ihre eigene Stabilität haben sie aber nur deswegen, weil sie in der Nabe verankert sind. Jesus Christus ist diese Nabe, die Halt gibt und verhindert, dass sich die Speichen im Weg stehen oder sogar zur Konkurrenz werden. Mit Christus rollt das Rad, ohne Christus kommt alles ins Stocken.

Das Gebet zum Heiligen Geist will verhindern, dass uns die Luft ausgeht und unser kirchliches Handeln einem hektischen Laufen gleicht. „Ohne den Heiligen Geist ist Gott fern, bleibt Christus in der Vergangenheit, ist das Evangelium ein toter Buchstabe, die Kirche ein bloßer Verein, die Autorität eine Herrschaftsform, die Mission Propaganda, die Liturgie eine Geisterbeschwörung und das christliche Leben eine Sklavenmoral", sagt schon Athenagoras von Athen im 2. Jahrhundert.

Ich frage mich manchmal, was die großen theologischen Aussagen des Paulus im Blick auf die vielen Spannungen in der Kirche bedeuten können. Es wäre zu einfach, damit Probleme zu bagatellisieren und überall refrainmäßig zu wiederholen, dass der Heilige Geist als Atem und Jesus Christus als Mitte alles lösen können. Es braucht den Blick dafür, was einzelne Körperteile der Kirche krank macht und wie gewisse Teile wieder kräftiger und gesund werden können. Die enge Verbindung zwischen dem Leib und den Charismen mahnt uns, gegenseitig Begabungen zu fördern und Priester und Laien nicht als Konkurrenz zu sehen.

Umgang mit Spaltungen und Konflikten

Ich ermahne euch aber, Brüder, im Namen Jesu Christi, unseres Herrn: Seid alle einmütig, und duldet keine Spaltungen unter euch; seid ganz eines Sinnes und einer Meinung. Es wurde mir nämlich, meine Brüder, von den Leuten der Chloë berichtet, dass es Zank und Streit unter euch gibt. Ich meine damit, dass jeder von euch etwas anderes sagt: Ich halte zu Paulus – ich zu Apollos – ich zu Kephas – ich zu Christus. Ist denn Christus zerteilt? Wurde etwa Paulus für euch gekreuzigt? Oder seid ihr auf den Namen des Paulus getauft worden?

1 Korinther 1,10–13

Obwohl die christliche Gemeinde in Korinth nur aus einigen Hausfamilien und höchstens 200 Christen bestand, musste sie große Spannungen aushalten. In der kleinen Gruppe sind Spaltungen oft noch stärker spürbar. Paulus zählt vier Parteien auf, die sich gegenseitig den wahren Glauben absprechen und betonen, dass sie die einzig wahren Christen sind. Die Gruppe des Paulus beruft sich auf den Völkerapostel, der die Gemeinde in Korinth gegründet hat. Die Partei des Apollos sieht diesen als die wahre Autorität an. Apollos ist ein rhetorisch gebildeter Judenchrist aus Alexandria, der bereits in Ephesus begeistert von Jesus lehrte, damals allerdings nur die Johannestaufe kannte (vgl. Apostelgeschichte 18,24–19,1). Das Ehepaar Priszilla und Aquila führen ihn in den vollen Glauben an Jesus Christus ein. Er kommt später auf Empfehlung der christlichen Brüder nach Korinth und wirkt auch dort segensreich. Seine Spannung zu Paulus scheint nicht allzu groß zu sein, da Paulus sie beide als „Diener Christi" und „Verwalter von Geheimnissen Gottes" (1 Korinther 4,1) bezeichnet. Auch die Aussage „Ich habe gepflanzt, Apollos hat begossen, Gott aber ließ wachsen" (1 Korinther 3,6) spricht wohlwollend vom Wirken des Apollos. Zur Gruppe des Kephas zählen wohl hauptsächlich Judenchristen, die Petrus als die zentrale Gestalt der jungen Kirche sehen. Es ist nicht ganz klar, wer mit der

Christuspartei gemeint war. Sind es Christen, die überall die direkte Beziehung zu Christus betonen und damit die Rolle von Vermittlern wie Paulus ablehnen? Sind es solche, die einfach die Streitereien satt haben und ohne Wenn und Aber Christus als Mitte bezeichnen? Paulus jedenfalls sieht den Grund für die Spaltung in Korinth darin, dass dem Ansehen einzelner Gemeindemitglieder zu viel Bedeutung zugemessen wird und Christus als die wahre Mitte aus den Augen verloren ging.

Was spaltet heute Gemeinschaften? Zur Beantwortung braucht es wohl keine großen Analysen. Wir wissen alle, wie schnell es geht: Es fällt ein falsches Wort. Ein Missverständnis kombiniert mit Gerüchten, Eifersucht und Ungerechtigkeit macht sich breit und schon hängt der Haussegen schief. Fehlende Unterscheidung zwischen Wichtigem und Nebensächlichem trägt das Ihre dazu bei, dass Probleme nicht rechtzeitig gelöst werden. Eine Lawine ist losgetreten und lässt sich nicht mehr stoppen. Paulus mahnt zur Einheit: „Seid alle einmütig und duldet keine Spaltungen unter euch, seid ganz eines Sinnes und einer Meinung." Wer diesen Satz ohne die vielen Zusammenhänge im Korintherbrief deutet, unterliegt der Gefahr, unter Einheit absolute Gleichmacherei nach dem Motto „Alle müssen gleich denken und das Gleiche tun" zu verstehen. Dass Paulus „Einheit in Vielfalt" meint, zeigen die großen Bilder vom Leib und den Gliedern und auch die Worte von den verschiedenen Gnadengaben. Es geht darum, diese Buntheit der Menschen und Völker als Bereicherung und nicht als Bedrohung, als gegenseitige Ergänzung und nicht als Konkurrenz zu erleben.

Aufeinander warten beim gemeinsamen Herrenmahl

Wenn ich schon Anweisungen gebe: Das kann ich nicht loben, dass ihr nicht mehr zu eurem Nutzen, sondern zu eurem Schaden zusammenkommt. Zunächst höre ich, dass es Spaltungen unter euch gibt, wenn ihr als Gemeinde zusammenkommt; zum Teil glaube ich das auch. Denn es muss Parteiungen geben unter euch; nur so wird sichtbar, wer unter euch treu und zuverlässig ist. Was ihr bei euren Zusammenkünften tut, ist keine Feier des Herrenmahls mehr; denn jeder verzehrt sogleich seine eigenen Speisen, und dann hungert der eine, während der andere schon betrunken ist. Könnt ihr denn nicht zu Hause essen und trinken? Oder verachtet ihr die Kirche Gottes? Wollt ihr jene demütigen, die nichts haben? Was soll ich dazu sagen? Soll ich euch etwa loben? In diesem Fall kann ich euch nicht loben.

Denn ich habe vom Herrn empfangen, was ich euch dann überliefert habe: Jesus, der Herr, nahm in der Nacht, in der er ausgeliefert wurde, Brot, sprach das Dankgebet, brach das Brot und sagte: Das ist mein Leib für euch. Tut dies zu meinem Gedächtnis! Ebenso nahm er nach dem Mahl den Kelch und sprach: Dieser Kelch ist der Neue Bund in meinem Blut. Tut dies, sooft ihr daraus trinkt, zu meinem Gedächtnis! Denn sooft ihr von diesem Brot esst und aus dem Kelch trinkt, verkündet ihr den Tod des Herrn, bis er kommt.

Wer also unwürdig von dem Brot isst und aus dem Kelch des Herrn trinkt, macht sich schuldig am Leib und am Blut des Herrn. Jeder soll sich selbst prüfen; erst dann soll er von dem Brot essen und aus dem Kelch trinken. Denn wer davon isst und trinkt, ohne zu bedenken, dass es der Leib des Herrn ist, der zieht sich das Gericht zu, indem er isst und trinkt. Deswegen sind unter euch viele schwach und krank, und nicht wenige sind schon entschlafen. Gingen wir mit uns selbst ins Gericht, dann würden wir nicht gerichtet. Doch wenn wir jetzt vom Herrn gerichtet werden, dann ist es eine Zurechtweisung, damit wir nicht zusammen mit der Welt verdammt werden.

Wenn ihr also zum Mahl zusammenkommt, meine Brüder, wartet aufeinander! Wer Hunger hat, soll zu Hause essen; sonst wird euch die Zusammenkunft zum Gericht. Weitere Anordnungen werde ich treffen, wenn ich komme.

1 Korinther 11,17–34

Ein Exerzitienmeister, der immer wieder mit Kleingruppen in der Wüste Sahara unterwegs ist und dort fast täglich heilige Messe feiert, erzählte uns bei einem seiner Kurse von folgender Begebenheit: „An einem Tag hatten wir einen großen Streit, die Stimmung war am Sand. Was tun? Sollen wir in dieser Situation trotzdem miteinander die heilige Messe feiern oder nicht? Die Reisegruppe hat entschieden, bis zur Lösung einiger Streitpunkte auf die Eucharistie zu verzichten. Das Entfallen der heiligen Messe, das vielen schwerfiel, sollte auch ein Druckmittel sein, um schneller Lösungen zu suchen." Ausgehend von diesem Ereignis haben wir bei den Exerzitien miteinander diskutiert, was wir in diesem Fall tun würden. Dürfen Menschen gemeinsam heilige Messe feiern, wenn sie gerade in einem tiefen Streit stecken? Ist sie in diesem Fall eine Heuchelei oder eine Hilfe, den Streit zu lösen?

Im Brief an die Korinther beschäftigt sich Paulus mit ähnlichen Fragen. Er hat von großen Missständen beim Herrenmahl gehört und ist zu Recht erschüttert: „Das kann ich nicht loben, dass ihr nicht mehr zu eurem Nutzen, sondern zu eurem Schaden zusammenkommt." Die Hintergründe dieser Vorfälle lassen sich aus dem Brief relativ gut rekonstruieren: Zur Zeit des Paulus versammelten sich in Korinth die Christen am „ersten Tag der Woche" (1 Korinther 16,2), um in einem Haus mit einem großen Raum das „Herrenmahl" zu feiern. Dieses bestand aus einem Sättigungsmahl (Agape) verbunden mit der Spendung der eucharistischen Gaben von Brot und Wein. Beim Sättigungsmahl kam es nun leider zu großem unsozialen Verhalten, das die gesellschaftlichen Unterschiede der Christen verstärkte und nicht verringern half. Die Reichen kamen bereits zusammen, während viele Sklaven noch an ihrer Arbeitsstelle bleiben mussten. Sobald diese ankamen, hatten jene schon die besten Speisen gegessen oder waren sogar betrunken. Das Verhalten der Reichen beim Sättigungsmahl widerspricht dem, was sie nachher beim Gedächtnis an das Letzte Abendmahl Jesu feiern. Das macht die Versammlung unwürdig. Paulus betont zu Recht, dass sie sich dadurch schuldig machen am Leib und Blut Christi und sich selbst das Gericht zuziehen.

Die Spannung zwischen Ideal und Realität lässt sich aus dieser Welt nicht verdrängen. Christliche Gemeinden müssen sich dieser Spannung stellen. Der Realist Paulus gibt zwei Tipps, um einerseits das Ideal des Leibes nicht zu verraten und andererseits nicht an den konkreten Menschen vorbeizuplanen: Die Teilnehmer und Teilnehmerinnen am Herrenmahl sollen aufeinander warten. Es geht nicht, wenn ein Teil bereits mit dem Gemeinschaftsmahl beginnt, während der andere Teil noch fehlt. Das ist ein Widerspruch zu dem, was sie inhaltlich feiern. Die heilige Messe und der Leib Christi dürfen sich nicht auf einen Ritus beschränken. Der zweite Ratschlag lässt sich als Kompromiss verstehen. Die Hungrigen sollen bereits zu Hause etwas essen, damit sie bei der Zusammenkunft nicht ungeduldig auf das gemeinsame Essen warten.

In seinem Bericht vom Letzten Abendmahl Jesu erwähnt Paulus zweimal den Auftrag Jesu „Tut dies zu meinem Gedächtnis", sowohl bei den Worten zum Brot als auch zum Wein. Es ist für mich kein Zufall, dass Johannes bei der Fußwaschung Jesu einen ähnlichen Auftrag überliefert: „Wenn nun ich, der Herr und Meister, euch die Füße gewaschen habe, dann müsst auch ihr einander die Füße waschen" (Johannes 13,14). Beides gehört beim Leib Christi untrennbar zusammen, die Gedächtnisfeier mit Brot und Wein und der konkrete Dienst der Fußwaschung gerade an den Ärmsten. Die großen Anstrengungen, Eucharistie noch schöner und noch würdiger zu feiern, haben wenig Erfolg, wenn Menschen die gegenseitige Verbindung vor und nach der heiligen Messe nicht spüren. Nicht nur Jugendliche bleiben der Gottesdienstgemeinschaft fern, wenn sie außerhalb dieser keine Gemeinschaft erleben. Gemeinschaft außerhalb des Kirchenraumes ist kein Zusatzprogramm, sondern die andere Seite der Medaille. Wie zeichenhaft, wenn bei einem Pfarrgottesdienst Menschen aus allen Altersgruppen und Schichten miteinander beten und feiern. Das hat wahrlich revolutionäre Kraft für unsere Gesellschaft.

Das besondere Wort

Komm, Heiliger Geist,
in unsere Städte, in unsere Häuser,
in unsere Gemeinschaften, in unsere Familien,
in unsere Augen, in unsere Herzen.
Ohne dich lesen wir Bücher und werden nicht weise.
Ohne dich reden wir lange und werden nie eins.
Ohne dich sehen wir nur Fälle, Zahlen und Fakten

*und verlieren den Menschen trotz unserer sozialen
Bemühungen.*
*Ohne dich zerfällt unser Leben in eine sinnlose Reihe von
Tagen.*
Ohne dich umarmen wir ohne Tiefe und Herz.
*Ohne dich wird unsere Arbeit zur Mühe und unser Einsatz
ohne Sinn und Erfolg.*
*Ohne dich wird unser Lächeln steril und die Begegnungen
geistlos und leer.*
*Ohne dich wird unser Beten Geplapper und unser Christsein
nicht überzeugend.*
*Komm, Schöpfer Geist,
und mache die Welt zur Heimat für dich.*

Autor unbekannt

Mit den Philippern Freude teilen

Wer den Philipperbrief liest, spürt die freudige Stimmung und auch das innige Verhältnis zwischen Paulus und der christlichen Gemeinde in Mazedonien. Bereits der ausführliche Dank am Beginn des Briefes zeigt die enge Verbundenheit: „Ich danke meinem Gott jedes Mal, wenn ich an euch denke; immer, wenn ich für euch alle bete, tue ich es mit Freude und danke Gott dafür, dass ihr euch gemeinsam für das Evangelium eingesetzt habt vom ersten Tag an bis jetzt" (Philipper 1,3–5). Paulus hatte die Gemeinde auf seiner zweiten Missionsreise vermutlich im Jahr 50 n. Chr. gegründet. Sie ist ihm schnell ans Herz gewachsen und darf ihn im Gegensatz zu vielen anderen auch finanziell unterstützen. Die Freude im Brief überrascht, wenn wir bedenken, dass Paulus zum Zeitpunkt der Abfassung nichts zu lachen hat. Er selbst sitzt im Gefängnis. Auch die Gemeinde in Philippi scheint unter großen Spannungen zu leiden.

So zahlt es sich aus, genauer zu schauen, worin für Paulus der wahre Grund der Freude liegt. Denn eines ist für alle klar, die Paulus auch nur ein bisschen kennen: Hier handelt es sich weder um einen psychologischen Trick, um von Sorgen abzulenken, noch um eine schnelle Freude nach dem Motto „Ein bisschen Spaß muss sein".

Jesus Christus als Grund der Freude

Freut euch im Herrn zu jeder Zeit! Noch einmal sage ich: Freut euch! Eure Güte werde allen Menschen bekannt. Der Herr ist nahe. Sorgt euch um nichts, sondern bringt in jeder Lage betend und flehend eure Bitten mit Dank vor Gott! Und der Friede Gottes, der alles Verstehen übersteigt, wird eure Herzen und eure Gedanken in der Gemeinschaft mit Christus Jesus bewahren. Schließlich, Brüder: Was immer wahrhaft, edel, recht, was lauter, liebenswert, ansprechend ist, was Tugend heißt und lobenswert ist, darauf seid bedacht! Was ihr gelernt und angenommen, gehört und an mir gesehen habt, das tut! Und der Gott des Friedens wird mit euch sein. Ich habe mich im Herrn besonders gefreut, dass ihr eure Sorge für mich wieder einmal entfalten konntet.

Philipper 4,4–10

Der ausgezeichnete Reiseleiter erklärt die urchristlichen Symbole in den Katakomben Roms und meint: Wir Christen sollen uns vollsaufen an der Freude Gottes! Alle horchen auf: Was hat er gesagt? Wir Christen sollen saufen? Der Reiseleiter wiederholt seinen Satz und betont die letzten Worte ganz besonders: Wir Christen sollen uns vollsaufen an der Freude Gottes. Aha, also doch nichts mit richtiger Freude, sondern wieder die üblichen Worte der Kirche, denken einige. Andere meinen: Nein, das sind nicht die üblichen Worte, schon deswegen, weil das Reden von der Freude in unserer Kirche und auch Gesellschaft leider viel zu kurz kommt. Bald sind wir mitten in den Themen, die Paulus im Philipperbrief anspricht: Was ist der Grund meiner Freude? Warum ist unsere Gesellschaft oft so todernst? Was muss geschehen, dass Menschen mehr Freude weitergeben?

Auf die Frage „Was ist der Grund deiner Freude" gibt es für Paulus nur die Antwort „Jesus Christus". Er begründet alles von ihm her. Weil Jesus für mich gestorben und auferstanden ist, ist das alles Entscheidende bereits geschehen und ein verbitterter Eifer überflüssig. Weil mir bereits alles geschenkt wurde, kann ich selber großzügig sein. „Eure Güte werde allen Menschen bekannt. Der Herr ist nahe. Sorgt euch um nichts", schreibt Paulus aus vollster Überzeugung. Deshalb kann er alle seine Leiden ertragen und Übermenschliches leisten. „Wir sind nicht Herren eures Glaubens, sondern Diener eurer Freude" (2 Korinther 1,24).

In den ersten beiden Kapiteln des Philipperbriefes nimmt Paulus hauptsächlich auf seine eigene Freude Bezug. Er spricht ganz ausdrücklich von „meiner Freude" (Philipper 2,2), lässt die Philipper an der erfahrenen Freude teilnehmen und bittet sie, diese zu teilen und mit ihrem Verhalten zu verstärken. Ab Kapitel 3 geht es eher um allgemeingültige Wahrheiten. Paulus wird dabei nicht müde, die Gemeinde von Philippi mehrfach zur Freude aufzurufen: „Vor allem, meine Brüder, freut euch im Herrn! Euch immer das Gleiche zu schreiben wird mir nicht lästig, euch aber macht es sicher" (Philipper 3,1). Hier fügt Paulus zum ersten Mal „im Herrn" hinzu und betont damit, dass die Beziehung zu Jesus das zentrale Kriterium ist, ob Freude gelingt oder nicht. Ob jemand erfolgreich und sorglos lebt oder sogar verfolgt wird, ist nach der Überzeugung von Paulus weniger entscheidend als die Verbundenheit in Christus. Das Thema der Freude erreicht mit der doppelten Aufforderung in Philipper 4,4 seinen Höhepunkt: „Freut euch im Herrn zu jeder Zeit! Noch einmal sage ich: Freut euch!" Paulus versteht sich dabei nicht als Eventmanager für Großveranstaltungen mit Spiel und Spaß. Das wäre ihm zu oberflächlich. Es geht ihm um eine völlig andere Freude, die nicht von Spaßmachern, Alkohol oder Musik abhängig ist, sondern von innen kommt und nicht oberflächlich bleibt.

Es bleibt die Frage, was mit Menschen geschieht, die diese Gnade der inneren Freude nicht erfahren. Wie können sie zur Quelle der Freude gelangen? Paulus würde wohl antworten, dass im Leben vieles Gnade Gottes ist, wir Menschen aber mit unserem Lebenszeugnis mithelfen sollen, diese Gnade für viele erlebbar zu machen. Ein Weg dazu ist die Bereitschaft, andere an meiner Freude teilhaben zu lassen.

Ein alte Frau, die ich regelmäßig besuche, stellt mir im Laufe des Gesprächs immer die Frage: Was ist momentan deine größte Freude? Ich spüre bei jedem Besuch, dass mich diese Frage mehr motiviert als eine ständige Problemanalyse darüber, was in der Kirche immer schwieriger wird. Die Frage nach der Freude lädt mich ein, die Erlebnisse der letzten Zeit liebevoll in Erinnerung zu rufen. Sie hilft mir, die Perlen meines Lebens zu finden. Gott sei Dank fallen mir viele Beispiele ein: Ein lächelndes Gesicht auf der Straße steckt mich an und motiviert mich, freundlich zu sein. Jemand erzählt ganz verliebt von seinem Partner oder der Partnerin. Die Vorfreude der Kinder auf Weihnachten gibt dem Advent eine besondere Faszination. Wie durch ein Wunder ist der junge Mann wieder gesund und strahlt über das ganze Gesicht. Die Schülerin hat trotz großer Lernschwierigkeiten die Matura geschafft und kann jetzt das heiß ersehnte Studium beginnen. Ein Fest ist gelungen und hat die Gemeinschaft gestärkt. Geteilte Freude ist doppelte Freude, geteiltes Leid ist halbes Leid.

Jesus Christus als Begründung der Tugenden

Wenn es also Ermahnung in Christus gibt, Zuspruch aus Liebe, eine Gemeinschaft des Geistes, herzliche Zuneigung und Erbarmen, dann macht meine Freude dadurch vollkommen, dass ihr eines Sinnes seid, einander in Liebe verbunden, einmütig und einträchtig, dass ihr nichts aus Ehrgeiz und nichts aus Prahlerei tut. Sondern in Demut schätze einer den andern höher ein als sich selbst. Jeder achte nicht nur auf das eigene Wohl, sondern auch auf das der anderen. Seid untereinander so gesinnt, wie es dem Leben in Christus Jesus entspricht:

Er war Gott gleich, hielt aber nicht daran fest, wie Gott zu sein, sondern er entäußerte sich und wurde wie ein Sklave und den Menschen gleich. Sein Leben war das eines Menschen; er erniedrigte sich und war gehorsam bis zum Tod, bis zum Tod am Kreuz. Darum hat ihn Gott über alle erhöht und ihm den Namen verliehen, der größer ist als alle Namen, damit alle im Himmel, auf der Erde und unter der Erde ihre Knie beugen vor dem Namen Jesu und jeder Mund bekennt: „Jesus Christus ist der Herr" – zur Ehre Gottes, des Vaters.

Philipper 2,1–11

„Es ist schade, dass bei den Bibeltexten am Sonntag oft nur wenige Verse herausgepickt werden!" So höre ich es immer wieder bei Bibelseminaren. Dort erleben Interessierte, wie wichtig die Zusammenhänge im Bibeltext sind und wie sich einzelne Abschnitte gegenseitig interpretieren. Vieles wird dann bereits ohne Erklärungen sichtbar. Am Beispiel von Philipper 2,1–11 soll dies aufgezeigt werden: Der Textabschnitt besteht aus drei Teilen. Er betont zunächst einige Werte christlichen Lebens, dann folgen im Christushymnus Worte über das Heilshandeln Jesu und zuletzt eine Einladung zur Liturgie. Der erste Teil enthält zwar wichtige

Aufforderungen, aber für sich allein würde er schnell zu einer bloßen Aneinanderreihung von Geboten. Der zweite Teil wird zu Recht als einer der größten Christushymnen bezeichnet, kann aber für sich allein betrachtet leicht das Schicksal erleiden, zwar als schön, aber nicht konkret gesehen zu werden. Die Einladung zur Liturgie wird ohne die vorausgehenden Zeilen kaum verstanden. Miteinander zeigen die drei Textteile, wie Theologie und Handeln, Liturgie und Glaube zusammenhängen und sich gegenseitig stärken.

Paulus hat den großartigen Christushymnus vermutlich schon in den christlichen Gemeinden vorgefunden und baut ihn jetzt ganz gezielt in seinen Brief an die Philipper ein. Der Hymnus setzt beim Göttlichen ein: „Er war Gott gleich" und steigt dann von oben herab in die Tiefe, „hielt aber nicht daran fest, wie Gott zu sein, sondern er entäußerte sich und wurde wie ein Sklave und den Menschen gleich." Der Text schwingt sich dann wieder in die Höhe und will alle mitreißen: „Darum hat ihn Gott über alle erhöht und ihm den Namen verliehen, der größer ist als alle Namen, damit alle im Himmel, auf der Erde und unter der Erde ihre Knie beugen vor dem Namen Jesu und jeder Mund bekennt: Jesus Christus ist der Herr – zur Ehre Gottes, des Vaters." Wenn von der Entäußerung Jesu, von seinem Herabsteigen in die letzte menschliche Tiefe die Rede ist, dann ist Jesus der Handelnde. Wenn von seiner Erhöhung die Rede ist, dann handelt der Vater an ihm. Klarer kann christliche Theologie nicht formuliert werden.

„Es geht darum, das Evangelium zu lesen und zu leben. Beides soll sich gegenseitig beeinflussen." So eine weitere Äußerung bei Bibelseminaren. Paulus zeigt in der Aufzählung christlicher Werte auf, wie wir richtig leben sollen, und gibt

– wen wundert es – als zentrale Begründung an: „Seid untereinander so gesinnt, wie es dem Leben in Christus Jesus entspricht." Das Handeln Jesu ist Fundament und Motivation für unser Handeln. Diese Logik wirkt anders als die einer Moraltheologie, die von den Menschen einfach alles Mögliche verlangt oder ihnen alles Mögliche verbietet. Nein, umgekehrt: Weil Jesus so gehandelt hat, schaffen auch wir es, viel Gutes zu tun. Christentum ist demnach nicht so sehr als hochstehende Moral zu verstehen, sondern zuallererst als frohe Botschaft. Wer sollte sich da nicht freuen!

Das besondere Wort

Gebet um Humor
Schenke mir eine gute Verdauung, Herr, und auch etwas zum Verdauen.
Schenke mir Gesundheit des Leibes, mit dem nötigen Sinn dafür, ihn möglichst gut zu erhalten. Schenke mir eine heilige Seele, Herr, die das im Auge behält, was gut ist und rein, damit sie im Augenblick der Sünde nicht erschrecke, sondern das Mittel findet, die Dinge wieder in Ordnung zu bringen.
Schenke mir eine Seele, der die Langeweile fremd ist, die kein Murren kennt, und kein Seufzen und Klagen, und lass nicht zu, dass ich mir zu viele Sorgen mache um dieses sich breitmachende Etwas, das sich „Ich" nennt.
Herr, schenke mir Sinn für Humor, gib mir die Gnade, einen Scherz zu verstehen,
damit ich ein wenig Glück kenne im Leben, und anderen davon mitteile.

Gebet des Thomas Morus

Mit Paulus Grenzen überschreiten

Der 10-jährige Ministrant Peter antwortet auf die Frage, ob er innerhalb der heiligen Messe bei den Bibeltexten zuhöre, blitzschnell mit den Worten: „Nein, denn die Evangelien kenne ich schon auswendig und den Paulus in der Lesung verstehe ich sowieso nicht!" Vielen Erwachsenen geht es mit Paulus ähnlich, sie finden seine Texte kompliziert und schalten innerlich ab.

Wer ist dieser Saulus Paulus aus Tarsus, der wie kaum eine andere Person der Bibel die Gemüter erhitzt und nach wie vor heftige Diskussionen auslöst? Ist er ein Förderer der vielen Frauen in seinen Gemeinden oder hat nicht gerade er mit den Worten „Die Frauen sollen in der Versammlung schweigen" (1 Korinther 14,34) die Benachteiligung der Frauen in der Kirche festgeschrieben? Hat er die Botschaft von Jesus Christus in die ganze Welt gebracht oder nur eine eigene Religion gegründet, die der Jude Jesus niemals wollte? Welche Briefe hat Paulus selbst geschrieben, welche stammen aus der Feder seiner Gemeinden? Ist Saulus Paulus nur ein Kind seiner Zeit oder auch eine vorausblickende charismatische Gestalt, die viele Grenzen sprengt und Türen in neue Lebensdimensionen öffnet? Wie war sein Charakter, hat sich dieser nach der Berufung zum Christen geändert oder nicht?

In den folgenden Überlegungen möchte ich von den vielen und sogar widersprüchlichen Seiten des Saulus Paulus als einziges Beispiel seinen Mut herausgreifen, Mauern abzubauen und sich von persönlichen, gesellschaftlichen, geographischen oder religiösen Grenzen nicht einengen zu lassen.

Grenzen im eigenen Leben: über den eigenen Schatten springen

Geht es mir denn um die Zustimmung der Menschen, oder geht es mir um Gott? Suche ich etwa Menschen zu gefallen? Wollte ich noch den Menschen gefallen, dann wäre ich kein Knecht Christi. Ich erkläre euch, Brüder: Das Evangelium, das ich verkündigt habe, stammt nicht von Menschen; ich habe es ja nicht von einem Menschen übernommen oder gelernt, sondern durch die Offenbarung Jesu Christi empfangen. Ihr habt doch gehört, wie ich früher als gesetzestreuer Jude gelebt habe, und wisst, wie maßlos ich die Kirche Gottes verfolgte und zu vernichten suchte. In der Treue zum jüdischen Gesetz übertraf ich die meisten Altersgenossen in meinem Volk, und mit dem größten Eifer setzte ich mich für die Überlieferungen meiner Väter ein. Als aber Gott, der mich schon im Mutterleib auserwählt und durch seine Gnade berufen hat, mir in seiner Güte seinen Sohn offenbarte, damit ich ihn unter den Heiden verkündige, da zog ich keinen Menschen zu Rate; ich ging auch nicht sogleich nach Jerusalem hinauf zu denen, die vor mir Apostel waren, sondern zog nach Arabien und kehrte dann wieder nach Damaskus zurück. Drei Jahre später ging ich nach Jerusalem hinauf, um Kephas kennen zu lernen, und blieb fünfzehn Tage bei ihm. Von den anderen Aposteln habe ich keinen gesehen, nur Jakobus, den Bruder des Herrn. Was ich euch hier schreibe – Gott weiß, dass ich nicht lüge. Danach ging ich in das Gebiet von Syrien und Zilizien. Den Gemeinden Christi in Judäa aber blieb ich persönlich unbekannt, sie hörten nur: Er, der uns einst verfolgte, verkündigt jetzt den Glauben, den er früher vernichten wollte. Und sie lobten Gott um meinetwillen.

Galater 1,10–24

In den Jahren 6 bis 10 n. Chr. wird in der Stadt Tarsus (in der heutigen Türkei) ein Bub geboren. Er bekommt von seinen jüdischen Eltern den Doppelnamen Saulus Paulus. Sie erziehen ihn im jüdischen Glauben und ermöglichen ihm aufgrund ihrer eigenen beruflichen Stellung die Privilegien der römischen Staatsbürgerschaft. Saulus Paulus erhält eine Ausbildung sowohl als Zeltmacher als auch als gelehrter Pharisäer. In der Zeit des öffentlichen Wirkens Jesu lebt er vermutlich in Jerusalem, begegnet aber nie dem irdischen Jesus. Im Unterschied zu den zwölf Aposteln ist er somit weder Augenzeuge der Ereignisse in Galiläa noch im Abendmahlsaal oder rings um den Verbrechertod Jesu.

Aber auch ihm wird die Begegnung mit dem Auferstandenen geschenkt, und das ist für ihn der springende Punkt. Der Auferstandene erscheint dem verbissenen Saulus auf seinem Ritt nach Damaskus. Das wirft ihn nicht nur zu Boden, sondern verändert sein ganzes Leben. Paulus selbst schildert im Galaterbrief das berühmte Ereignis als Geschenk der Gnade Gottes und betont, dass „Gott, der mich schon im Mutterleib auserwählt und durch seine Gnade berufen hat, mir in seiner Güte seinen Sohn offenbarte". Die Apostelgeschichte beschreibt das Erlebnis auf dem Weg nach Damaskus sogar dreimal (Apostelgeschichte 9; 22; 26). Vom Himmel her erstrahlt ein helles Licht und Saulus Paulus hört die Stimme des Auferstandenen „Saul, Saul, warum verfolgst du mich?" Wie durch einen Lichtblitz leuchten ihm jetzt viele Zusammenhänge auf, die großen Fragen des Lebens haben nicht nur eine klare Richtung, sondern bereits Antworten erhalten. Sein anschließender Aufenthalt in Arabien kann durchaus als Festigung und Vertiefung der gewonnenen Einsichten angesehen werden.

Die neuen Erkenntnisse des Saulus Paulus betreffen zentrale Bereiche jeden Lebens: Wirkt der Auferstandene auch heute? Ist Gottesbegegnung möglich? Was muss ich mir durch Fleiß und eigene Leistung erwerben, was gibt es nur als Geschenk? Wie kann ich nach schmerzhaften Erlebnissen mein Leben zum Positiven ändern, ohne ständig Opfer meiner eigenen Geschichte zu bleiben? Die Antworten des Paulus gehören zu den gelungensten Antwortversuchen auf diese Grundfragen des Menschen. Sie helfen Mauern zu überspringen und belastende Grenzen zu überschreiten.

Ist Gottesbegegnung möglich?

Was Saulus Paulus in seinem bisherigen Leben als gläubiger Pharisäer abgelehnt hat, ist für ihn nach der Begegnung mit dem Auferstandenen sonnenklar: Der gekreuzigte Jesus Christus ist wahrhaft auferstanden, er ist der verheißene Messias und hat sich nach Tod und Auferstehung nicht von der Welt zurückgezogen, sondern wirkt weiterhin. Wenn Saulus Paulus in seinem Brief betont, dass er „keinen Menschen zu Rate zog", dann will er unterstreichen, dass seine Berufung nicht durch die Vermittlung von Menschen geschieht, sondern in einer direkten Christusbegegnung begründet ist. Aus diesem Grund beansprucht er ganz selbstverständlich den Aposteltitel auch für sich.

Das Christentum fasste in der griechischen und römischen Welt unter anderem deswegen Fuß, weil es ihm um eine persönliche Gottesbeziehung geht. Gebet und Lobpreis stehen anstelle von Tieropfern, Ritualen und verschiedenen Tricks, um die Götter günstig zu stimmen. Ist direkte Gottesbegegnung möglich? Besteht nicht die Gefahr, Schwärmerei, eigene Phantasie oder sogar Krankheit als solche zu verkaufen? Paulus wischt diese Fragen nicht vorschnell vom Tisch und gibt in seinen Briefen als Unterscheidungshilfe verschiedene Kriterien an. Charismen und Gottesbegegnung dienen nicht der eigenen Selbstverliebtheit, sondern immer dem Aufbau der Gemeinschaft. Gottesbegegnung ist für Paulus möglich, aber nur dann, wenn ich „in Christus" lebe. Unsere Gesellschaft braucht mehr denn je Menschen wie Saulus Paulus, die die Frage der wahren Gottesbegegnung wachhalten und sie nicht vorschnell ablehnen.

Das Zentrale ist Gnade

Von seinem Charakter her und als überzeugter Pharisäer war Saulus Paulus bis zum Damaskuserlebnis bemüht, immer richtig zu handeln und große Leistungen zu bringen. Vermutlich hat er sein Wertgefühl stark von seiner Leistung her definiert. Auf dem Weg nach Damaskus geht ihm auf, dass uns im Leben das Wesentliche bereits geschenkt ist und wir dieses weder verdienen müssen noch können. Es ist „Gnade Gottes". Gnade kann man in die heutige Umgangssprache mit Geschenk Gottes vor jeder Leistung oder mit „umsonst" übersetzen. Gott liebt uns ohne jede Leistung, damit wir frei durch diese Liebe viel Gutes tun können. Das falsche Gegenteil davon wäre, die Hände faul in die Hosentasche zu stecken oder Gutes nur deshalb zu tun, damit Gott und die Menschen uns lieben. Aus dieser gewonnenen Freiheit heraus wird Saulus Paulus fast Übermenschliches leisten können und ein Begnadeter im wahrsten Sinn des Wortes werden.

In vielen Situationen stelle ich mir die Frage, ob denn der moderne Mensch wirklich so selbstbewusst ist und woher er seine Sicherheit und sein Wertgefühl nimmt. Gerade wenn ich erlebe, wie schnell einzelne Menschen verunsichert werden und wie sie mit allen Mitteln das Geliebtsein erkaufen wollen, wird mein eigenes Ringen um ein haltgebendes Fundament umso notwendiger. Jugendliche meines Bekanntenkreises brachten dies lustig und doch sehr tiefsinnig beim vierzigsten Geburtstag ihres Vaters zum Ausdruck. Sie schenkten ihm ein Bild mit der Aufschrift: „Es gibt Gott. Du bist es nicht. Bleib gelassen."

Über den eigenen Schatten springen

Saulus Paulus ändert auf dem Weg nach Damaskus in mehrerlei Hinsicht seine Meinung und verschweigt dies in seinen Briefen nicht. Wer aufgrund von Tatsachen und Argumenten seine Meinung ändert, ist kein Feigling oder Schwächling, sondern ganz im Gegenteil. Es lässt sich von den Wundern des Lebens verändern und ist offen für die Wirklichkeit und somit für die Zukunft.

Gerade für Menschen, die im Leben ständig zurückschauen und ihr Dasein aufgrund von Ereignissen der Vergangenheit definieren, kann der Blick nach vorne eine große Hilfe sein. Paulus drückt diese Lebenshaltung folgendermaßen aus: „Ich bilde mir nicht ein, dass ich es schon ergriffen hätte. Eines aber tue ich: Ich vergesse, was hinter mir liegt, und strecke mich nach dem aus, was vor mir ist. Das Ziel vor Augen, jage ich nach dem Siegespreis: der himmlischen Berufung, die Gott uns in Christus Jesus schenkt" (Philipper 3,13–14).

Geographische Grenzen: der Weg nach Europa

So durchwanderten sie Mysien und kamen nach Troas hinab. Dort hatte Paulus in der Nacht eine Vision. Ein Mazedonier stand da und bat ihn: Komm herüber nach Mazedonien, und hilf uns! Auf diese Vision hin wollten wir sofort nach Mazedonien abfahren; denn wir waren überzeugt, dass uns Gott dazu berufen hatte, dort das Evangelium zu verkünden.

Apostelgeschichte 16,8–10

Die Beschreibung der Apostelgeschichte, wie und warum Paulus nach Europa kommt, gehört für mich zu den Scharnierstellen in der Bibel. Ich wünsche mir manchmal, dass diese bei Europaratssitzungen verlesen und diskutiert würde. Der Ruf des Mazedoniers „Komm herüber und hilf uns" motiviert ihn, sofort aufzubrechen und die Meeresenge nach Europa zu überschreiten. Als Grenzgänger und Weltbürger schafft es Saulus Paulus, global zu denken und im Blick auf den einzelnen Menschen konkret zu handeln. Sein Lebensprogramm ist kein leerer Traum, sondern eine herausfordernde Vision.

Saulus Paulus zieht nicht als Tourist herum, sondern mit dem einzigen Ziel, Christus überall zu verkünden und den Menschen zu helfen. Je mehr er in Gegenden kommt, in denen der jüdische Bevölkerungsanteil immer geringer wird, umso häufiger verwendet er einzig seinen römischen Namen Paulus. Er reist tausende Kilometer zu Fuß, auf Tieren oder mit dem Schiff. Das ausgezeichnete Straßennetz im Römischen Reich ist dabei eine große Hilfe. Nachdem er viele Städte in der östlichen Hälfte des Römischen Reiches besucht hat, träumt er sogar davon, ins ferne Spanien zu reisen, wie er im Römerbrief schreibt: „Jetzt aber habe ich in diesen Gegenden kein neues Arbeitsfeld mehr. Außerdem habe ich mich seit vielen Jahren danach gesehnt, zu euch zu kommen, wenn ich einmal nach Spanien reise; auf dem Weg dorthin hoffe ich euch zu sehen und dann von euch für die Weiterreise ausgerüstet zu werden, nachdem ich mich einige Zeit an euch erfreut habe" (Römer 15,23–24). Paulus scheut keine Mühen, erlebt aber viele Mühen und Gefahren und überschreitet mehrmals die Grenzen der eigenen Kräfte: „Dreimal wurde ich ausgepeitscht, einmal gesteinigt, dreimal erlitt ich Schiffbruch, eine Nacht und einen Tag trieb ich auf hoher See. Ich war oft auf Reisen, gefährdet durch Flüsse, gefährdet durch Räuber, gefährdet durch das eigene Volk, gefährdet durch Heiden, gefährdet in der Stadt, gefährdet in der Wüste, gefährdet auf dem Meer, gefährdet durch falsche Brüder. Ich erduldete Mühsal und Plage, durchwachte viele Nächte, ertrug Hunger und Durst, häufiges Fasten, Kälte und Blöße. Um von allem andern zu schweigen, weise ich noch auf den täglichen Andrang zu mir und die Sorge für alle Gemeinden hin" (2 Korinther 11,25–28).

Existenzielle Grenzen: österliche Haltegriffe

Wie ihr bin ich auf Christus Jesus und auf seinen Tod getauft worden. Ich wurde begraben durch die Taufe auf den Tod, und wie Christus durch die Herrlichkeit des Vaters von den Toten auferweckt wurde, so soll auch ich als neuer Mensch leben. Wenn ich nämlich ihm gleich geworden bin in seinem

Tod, dann werde ich mit ihm auch in seiner Auferstehung vereinigt sein. Ich weiß, dass mein alter Mensch mitgekreuzigt wurde, damit der von der Sünde beherrschte Leib vernichtet werde und ich nicht Sklave der Sünde bleibe. Denn, wer gestorben ist, der ist frei geworden von Sünde. Bin ich nun mit Christus gestorben, so glaube ich fest, dass ich mit ihm auch leben werde. Ich bin gewiss, dass Christus, von den Toten auferweckt, nicht mehr stirbt; der Tod hat keine Macht mehr über ihn. Denn durch sein Sterben ist er ein für alle Mal gestorben für die Sünde, sein Leben aber lebt er für Gott. So soll auch ich mich als Mensch begreifen, der für die Sünde tot ist, aber für Gott lebt in Christus Jesus.

Römer 6,3–11 in Ichform umgeschrieben

Nach dem Gang durch die Heilsgeschichte des Alten Testaments wird bei der Feier der Osternacht als neutestamentliche Lesung der Abschnitt Römer 6,3–11 verkündet. Um zu zeigen, dass dieser theologische Text nicht nur von der Vergangenheit redet, sondern ganz konkret mit mir zu tun hat, haben wir ihn in unserer Pfarre in die oben stehende Ichform umgeschrieben und bei der Osternacht gemeinsam gelesen. Damit wurde spürbar: Es geht um mich und dich und alle Menschen dieser Welt. Die Botschaft der Auferstehung Jesu bleibt nicht in Jerusalem stecken, nicht in Palästina, nicht in Asien, sie will alle Menschen erreichen und aufrichten.

Die Botschaft von der Auferstehung Jesu lässt sich mit den Haltegriffen in unseren Straßenbahnen und U-Bahnen vergleichen. Sie hilft uns, bei der Lebensfahrt aufrecht zu stehen und nicht umzufallen. Die Haltegriffe sind eine Hilfe von außen, um meine eigene Standfestigkeit und mein Gleichgewicht zu unterstützen. Seit der Auferstehung Jesu hat sie jeder Mensch als Lebensgeschenk mitbekommen. Dabei ist klar: Es geht nicht, dass ich diese Haltegriffe erst montiere, wenn die scharfe Kurve oder der Vollbremser mein Leben überrascht. Dann ist es meist zu spät.

Wir Menschen lachen sehr gerne über den Baron Münchhausen, der mitten im Schlamm und ohne jeden fixen Punkt sich selber aus dem Dreck herausziehen will. Aber ist dieser Münchhausen so fern und so erfunden, wenn ich daran denke, wie wir alle dazu neigen, alles selber tun zu wollen? Ein gewisser Stolz hindert uns, von außen Hilfe zu holen, und macht uns zu Menschen, die nach dem Motto leben: Ich brauche keine Haltegriffe von außen, ich bin fit, ich gehöre ja nicht zu den Schwachen oder Versagern. Zwischendurch habe ich sogar den Eindruck, dass es modern ist, auf den Haltegriff Gott zu verzichten, um zu zeigen, wie selbstständig man ist. Ich vermute, dass der moderne Atheismus zum einen als Ursache die menschliche Erfahrung hat, dass Gott nicht spürbar ist und nicht das tut, was wir wollen. Vielleicht muss zum anderen der moderne Mensch Gott deswegen ablehnen, um zu zeigen, dass er ganz frei ist. Eine höhere Instanz anzuerkennen wäre ein Rückschritt. Die Weigerung, Haltegriffe von außen zu nützen, ist ein falscher Stolz und führt oft dazu, dass sich Menschen mitten in den vielen „Unfällen" des Lebens nirgends richtig halten können und sich dann ganz hilflos an allen möglichen Strohhalmen festklammern. Da kann der Blick auf Jesus ganz schlicht und einfach befreien: Jesus hat am Kreuz nicht versucht, den Superman zu spielen. Er schreit sogar einen ohnmächtigen Hilferuf heraus. Nicht einmal Jesus hat sich selbst auferweckt, das hat sein Vater getan.

In unserer Welt brechen viele Menschen zusammen, sie haben keine Kraft mehr und bleiben leider oft am Boden liegen. Die Botschaft von der Auferstehung will eine Hilfe sein, um sich aufzuziehen und wieder aufrecht zu stehen, wenn ich gefallen bin. Ostern ist ein tiefer Trost im Unterschied zu einer billigen Vertröstung. Der Osterglaube macht souverän und verhilft zum Selbststand. Er befreit davon, sich von der Angst hetzen zu lassen, in diesem Leben nicht alles mitzubekommen, und schenkt eine Freude, die sich mit keiner anderen Freude vergleichen lässt.

Es ist unsere Aufgabe, die geschenkten Haltegriffe des Glaubens zu nützen und sie nicht mit allem Möglichen zu verdecken. Wo wir als Einzelmenschen oder als Kirche andere niederdrücken oder sogar niedertreten, da verhindern wir Ostern und wollen zurück zu den Intrigen des Karfreitags oder der Sklaverei von Ägypten. Wir müssen und können keinen Sonnenaufgang machen, dafür ist der Gott der Auferstehung zuständig. Aber wir müssen uns gegenseitig helfen, am richtigen Ort zu sein, um den Sonnenaufgang zu erleben und uns am Haltegriff der Osterbotschaft aufrichten zu lassen. Ich bin überzeugt, dass Paulus dies nicht nur auf dem Weg nach Damaskus erlebt hat. Kein Wunder, dass er so viel gewagt hat, um überall das Evangelium zu verkünden.

Das besondere Wort

Geist des auferstandenen Christus,
nur wenn wir in großer Einfachheit beten,
können wir dich empfangen.
Du weißt, wie wenig menschliche Sprache
auszudrücken vermag,
was in unserer Tiefe geschieht.
Doch du bist es, der bei unserem schlichten Gebet
zu uns spricht,

*bisweilen durch ein Wort, durch ein Ereignis,
manchmal in einem Stillehauch.
Du sprichst zu uns, und in deiner Gegenwart
bricht das Morgenrot des Vertrauens an.*

Gebet aus Taizé

Quellenverzeichnis

Die Bibelzitate stammen aus der Einheitsübersetzung der Heiligen Schrift © 1980 Katholische Bibelanstalt, Stuttgart.

Alle Texte in der Rubrik „Das besondere Wort", die nicht durch einen Autor gekennzeichnet sind, stammen von Franz Troyer.

S. 39: Atme in uns, Heiliger Geist © 1982 Gemeinschaft Emmanuel, Kolbergstr. 4–6, D-84503 Altötting

S. 85f: Gisela Baltes, Gottes Engel sei dein Begleiter, aus: MAGNIFICAT. Das Stundengebet. Jeden Tag Gebet. Besinnung. Orientierung. September 2012, S. 323 © 2012 Butzon & Bercker GmbH, Kevelaer, www.bube.de

S. 97: Martin Gutl, Endlich einer, aus: Josef Dirnbeck, Martin Gutl, Ich begann zu beten. Texte für Meditation und Gottesdienst © Nachlassverwaltung Karl Mittlinger, Graz

S. 141: Textabdruck mit freundlicher Genehmigung des Autors Adalbert Ludwig Balling, Köln

S. 160: Gisela Baltes, Ich wünsche dir Kraft, aus: MAGNIFICAT. Das Stundengebet. Jeden Tag Gebet. Besinnung. Orientierung. Januar 2011, S. 166 © 2011 Butzon & Bercker GmbH, Kevelaer, www.bube.de

Wir danken den Autoren und Verlagen für die freundliche Genehmigung zum Abdruck. Leider war es uns nicht in allen Fällen möglich, die Rechteinhaber zu ermitteln. Wir bitten um Hinweise an den Verlag. Allfällige Ansprüche werden gerne nachträglich abgegolten.

TYROLIA   Alles **Buch**bar auf **www.tyrolia-verlag.at**

Eucharistie feiern – mit Herz, Kopf und dem ganzen Körper

Jakob Patsch

… als er das Brot brach

Gehalt und Gestalt der Eucharistiefeier

160 Seiten, Broschur
ISBN 978-3-7022-3113-2

Obwohl sich viele Priester und liturgische Mitarbeiter um eine würdige Feier der Sonntagsmesse bemühen, wächst die Zahl derer, die keinen Zugang zur Eucharistie finden.

    Damit der auferstandene Christus den Gläubigen gegenwärtig wird, plädiert Jakob Patsch, Priester der Diözese Innsbruck, die Sonntagsmesse so zu feiern, dass klar wird, worum es geht, und dass dies in einem zweiten Schritt durch eine angemessene Gestaltung zum Ausdruck gebracht wird. Der Autor zeigt die historischen Quellen der Feier auf, stellt die einzelnen Teile der Eucharistiefeier vor, gibt Hinweise zum Gesang und praktische Tipps für Lektoren, Kantoren und Kommunionhelfer.

 TYROLIA Alles **Buch**bar auf www.tyrolia-verlag.at

Spiritualität, die Freude und Mut zum Leben schenkt

Elmar Simma
Wie ein Stern am Horizont
Mit guten Gedanken durch das Jahr
Ein spiritueller Begleiter

328 Seiten, gebunden
11 farb. u. 3 sw. Abb.,
mit Lesebändchen
ISBN 978-3-7022-3202-3

Caritas-Seelsorger Elmar Simma hat Gedanken zusammengetragen, die Energieimpulse im langen Auf und Ab eines ganzen (neuen) Jahres sein können. Wenn auch nicht immer alles zum Besten steht, sind die kleinen, leisen, jahreszeitlich abgestimmten Botschaften Gottes, Zitate, Bildmeditationen, Bibelverse und Erfahrungsimpulse eine willkommene Ermutigung zu mehr Vertrauen und Gelassenheit auf dem Weg durch die Monate.

Denn ausgestattet mit einer großen Sehnsucht nach dem guten Leben und im Vertrauen, dass Gott immer mit uns geht, lassen sich auch die weniger angenehmen Situationen des Lebens bewältigen.